大沢武志著

経営者の条件

岩波新書

907

目　次

序章　「冬の時代」の経営者

「平成の名経営者」

日本経済新聞社が二〇〇四年一月に発表した「平成の名経営者」調査がある。日本企業の平成の経営者を対象に、統率力、見識、先見性、国際性、業績などの観点で優れた経営者を選び出す調査である。回答者は読者(二八五人)、企業トップ(一〇一人)、市場関係者(五三人)、同紙記者(三三人)で、自由記入方式で回答を求めたところ、四七八人の経営者の名があがったという(『日本経済新聞』二〇〇四年一月一四日)。

このなかから選ばれた上位一〇〇人の調査結果を見ると、読者、企業トップ、市場関係者、記者の四グループいずれの回答からも上位一〇人に選ばれている経営者には、カルロス・ゴーン(日産自動車)、奥田碩《ひろし》(トヨタ自動車)、御手洗富士夫(キヤノン)の三名、三つのグループから上位一〇人に選ばれている経営者には、鈴木敏文(イトーヨーカ堂)、小倉昌男(ヤマト運輸)の二名の名前があげられている。

カルロス・ゴーンは言うまでもなく、過去のしがらみを切り捨てて日産自動車を劇的な復活に導いた改革型の経営者であり、奥田碩はわが国の企業で利益高一位を続ける超優良企業のトップ、御手洗富士夫は今や日本企業の強さを代表するハイテク企業の戦略型経営者である。鈴木敏文は勝負の明暗をはっきり分けた流通業界で勝ち組の代表企業を引っ張る敏腕経営者であり、小倉昌男は宅急便事業を見事に成功に導き先見性を示した経営者である。

この結果にコメントを寄せた作家・城山三郎は「昭和が〝量〟を指向する時代だったとすれば、平成は〝質〟を求める時代。価値観の変化にあわせて経営そのものを変えられるか、トップが方向性を正しく示せるかが企業の存亡を左右する」と述べている。

一方、米『ビジネスウィーク』誌が毎年行なっている恒例のベスト経営者の調査によると、二〇〇三年のベスト一五人のなかには日本の経営者は入っていない。一位にランクされたのは、英国の名門ブランド、バーバリーを復活させたローズ・マリー・ブラボーである。彼女は米国の高級衣料店、サックスの社長から一四〇年余の歴史をもちながら輝きを失っていたバーバリーに転じたのであったが、彼女の両親でさえ「こんなブランドのために五番街(マンハッタンの豪華なオフィス)を去るのか」と、その判断を疑ったという。彼女は財務やデザインに秀でた人材を起用し、事態を一変させたのであった(『ビジネスウィーク』二〇〇四年一月一二日号)。

日本の経営者が上位に選ばれていないなかで、韓国サムスン電子のＣＥＯ（最高経営責任者）・尹 鐘 龍《ユン・ジョンヨン》が一四位にランクされている。サムスンがこの一〜二年、欧米市場で日本のメーカーを凌ぐ勢いで伸びていることが、この調査結果にも反映されているものと思われる。そして、われわれを驚かせたのは、同時に発表されたワースト経営者のなかにサムスンとは対照的にソニーＣＥＯ・出井《いでい》伸之の名前があったことである。ちょっと前までは日本を代表する数少ない国際的経営者として評価の高かった出井が、二〇〇三年春の四半期決算で約一〇億ドルの赤字を計上した〝ソニー・ショック〟を契機に評価を一変させてしまったのである。

経営者能力の劣化現象

平成の名経営者が注目される一方で、「失われた一〇年」と言われるバブル崩壊後の長引く不況のなかで企業はかつて経験したことのない苦境に直面した。右肩上がりの日本経済を支えた地価本位経済の崩壊は、わが国全体の資産価値の低落を招き、どんな不動産でも担保にしてお金を貸しまくった金融機関の抱える不良債権は底知れず、「金融腐食列島」のなかで長銀（日本長期信用銀行）も、日債銀（日本債券信用銀行）も、拓銀（北海道拓殖銀行）も消えて行った。その一方で右肩上がりの拡大路線の果てに、過大な借入金を抱え債務超過に陥って破綻する企業が相次いだ。強引な積極経営で破綻したそごう前会長・水島廣雄は「銀行も湯水のごとく貸しまくった」とメインバンクの興銀(日本興業銀行)をなじるような場面もあったが、かつての大物経営者の凋落であることは確かだった。

かつての名門企業カネボウも膨らんだ負債を削減する構造改革が先送りになるばかりで、結局、債務超過に陥り、唯一の優良部門とされていた化粧品事業の売却もままならず、産業再生機構の全面支援へと行き着く結果となった。三五年間カネボウに君臨し続けた伊藤淳二・元終身名誉会長のカリスマ性が皮肉にもカネボウの改革を遅らせ、解体の遠因となったとさえ言われている。

九〇年代以降、日本経済にかつてない地殻変動が起きたことは事実で、産業構造も企業間の序列もすっかり塗り替えられ、さらにグローバル化の波に翻弄されて多くの企業経営者が苦境に立たされた。そうしたなかで、次々と出てきたのが企業の不祥事であり、経営者の失態が明るみに出される事件が続出したのである。雪印乳業、日本ハム、東京電力、三菱自動車等々、当事者能力を失って表舞台から姿を消していった経営者が何人いたことか。失態が白日のもとに晒され、マスコミのバッシングを受けてうな垂れる経営者を連日のように見せられると、経営者能力の劣化現象が蔓延したかのような思いにも駆られざるを得ないのである。

まさに経営者・受難の時代の感があり、今日ほど企業経営者が尊敬されない時代はなかったのではないかとさえ思えるが、これは何も経営者に限ったことではなく、政治家をはじめあらゆる世界で指導的な地位にいる人たちが、批判と監視の矢面に立たされている時代なのかもしれない。

維新後の経済人脈

昨今の大物経営者たちの凋落とは対照的に、明治維新以来の目覚しい日本経済の発展を牽引した実業界の巨人たちを振り返っておくことは意味があるだろう。維新後の経済人脈のなかには、魅力ある大物経営者の息づかいが感じられる。

伝記作家の小島直記は、封建制度を否定して新しい資本主義社会を成立させる株式会社の出現にそうした重みのある経営者の原点があり、その源流を福沢諭吉と渋沢栄一の二人のパイオニアに見出せるという。

渋沢栄一が一八六九年(明治二年)に静岡で商法会所《かいしょ》をつくり、同じ年に横浜で福沢諭吉のまな弟子の早矢仕《はやし》有的《ゆうてき》が丸屋商社(丸善の前身)を創設した。渋沢はフランスの万国博覧会に行く途中、スエズ運河の工事が官業ではなく個人の事業であることを知り、そこに資本主義の原理

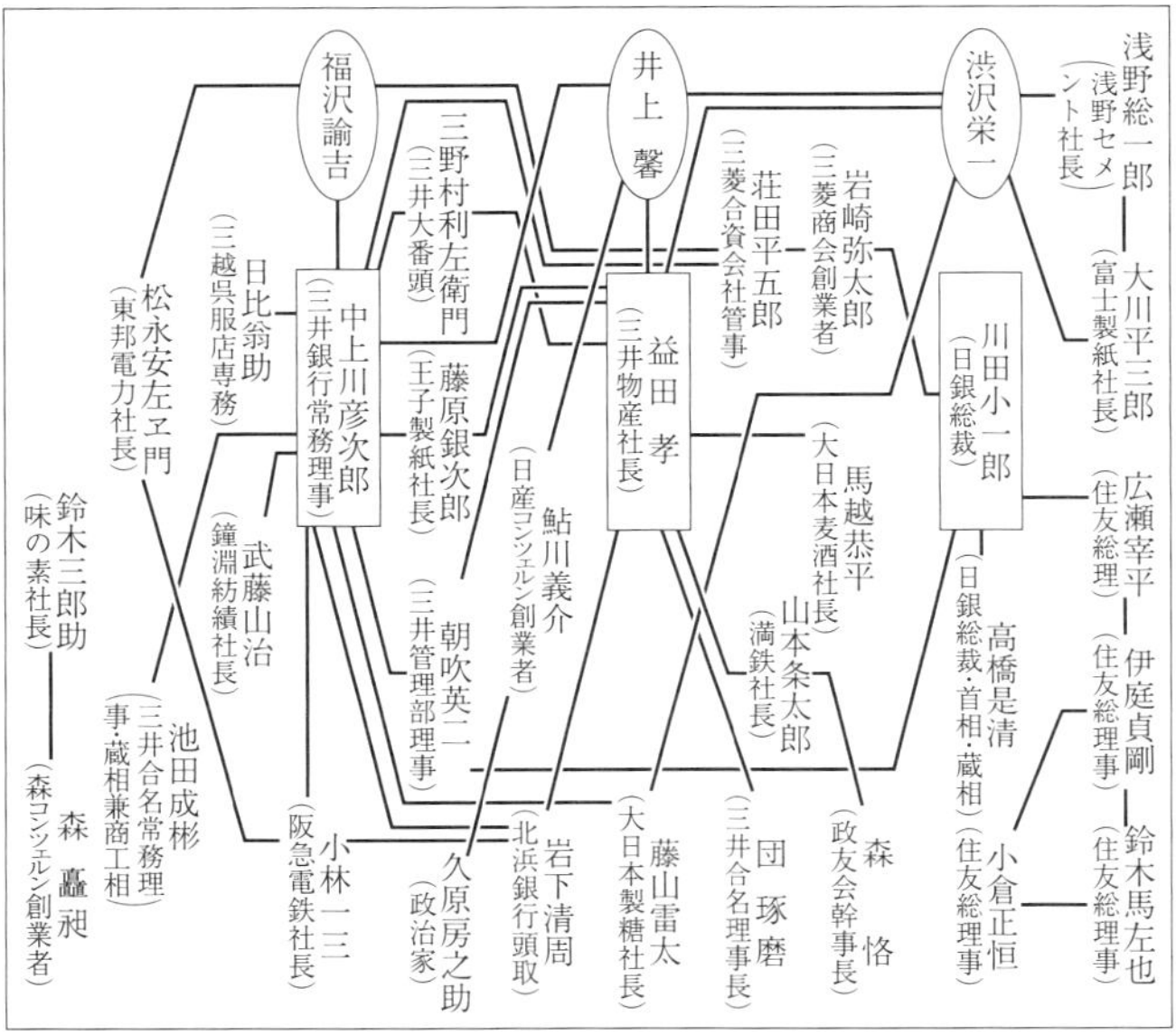

図1　わが国における資本主義社会の成立と経済人脈
（『日本経済新聞』1999年4月19日より）

を見出す。福沢は幕府の使節のお供で欧米を見て『西洋事情』を紹介する。二人の経済理念がその後の経済人にどのように継承されていったかに重要なポイントがあり、それまでの封建思想からくる官尊民卑の差別観念と対決する理念の継承という点では、断然、福沢に軍配があがると小島は指摘している（『日本経済新聞』一九九九年四月一九日）。

福沢の甥の中上川《なかみがわ》彦次郎を拠点に、福沢の門下生たちがのちの大物になっていく。中上川は福沢のつくった時事新報社の社長兼主筆の後、福沢門下の荘田平五郎の勧めで山陽鉄道の社長になり、井上馨にスカウトされて三井銀行の再建にあたる。井上は益田孝(三井物産社長)に三井物産を創業させた人でもある。中上川は維新後に求められる新しいタイプのホワイトカラーを福沢門下生から採用し、そこから藤山雷太(大日本製糖社長)、朝吹英二《えいじ》(三井管理部理事)、武藤山治(鐘淵紡績社長)、藤原銀次郎(王子製紙社長)、日比翁助(三越呉服店専務)、池田成彬《せいひん》(三井合名常務理事)、小林一三《いちぞう》(阪急電鉄社長)らの人材が輩出している。官尊民卑体質と対決した松永安左ヱ門(東邦電力社長)も福沢門下である。

三菱や住友の人脈にかかわったのが第三代日銀総裁の川田小一郎《こいちろう》で、岩崎弥太郎とも意気投合し、のちに日銀総裁になる高橋是清を経済的に救ったり、朝吹英二が事業に失敗したとき手を差し伸べたりもした。川田は広瀬宰平《さいへい》(住友総理)が別子銅山支配人として苦境に立たされたところを助けている。裁判官だった伊庭《いば》貞剛《ていごう》(住友総理事)を住友に迎え入れたのが広瀬で、その伊庭は五八歳で鈴木馬左也《まさや》に総理事を譲って引退している。

このように、維新後の経済人脈は主として福沢門下の実業人たちによって理念が受け継がれ、先輩から後輩へと深い情と熱意を軸に人脈形成が行なわれたのであった。

企業経営者の条件

こうした過去の歴史を背景に、本書では現代の企業経営者に焦点をあて、さまざまな角度からその実態を明らかにしつつ、その条件を探ろうとしている。

本書で扱っている経営者論の視点は、次の通りである。

まず第一章では、「オーナー経営者」と「サラリーマン経営者」を比較しながら、その本質的な違いおよび両者の特質を考える。

続いて第二章では、そもそも経営者とは何をする人なのかについて、その基本的職能を明らかにしつつ、優良企業の経営者に共通する経営者の役割に言及している。そして、経営者の最も重要な機能としての意思決定機能について、主として「戦略的意思決定」を中心に考察した。さらに経営者の業務執行を監督するコーポレートガバナンス(企業統治)の日本的なあり方についても触れた。

第三章では、経営者機能を果たすために必要な能力をとりあげ、「企業家的能力」と「管理者的能力」を対比させて考察し、さらにトップマネジメントに求められるスキルやリーダーシップについて、最新の実証的研究にも触れながら、その解明を試みた。

第四章では、日本的組織におけるサラリーマン経営者(専門経営者)の特質をテーマとして、役員を選任する基準を明らかにしながら「才覚」と「器量」という問題を考察した。また、サラリーマン経営者が陥りやすい問題点や、その限界についても触れている。

第五章では、経営者能力を発見し測定することは可能なのか、という問題を扱った。経営者の適性に関連するこれまでの実証的研究を紹介しながら、経営者能力を事前に予見したり、あるいはその考えを育成に結びつける方法などに触れた。

第六章のテーマは、企業倫理である。違法行為に手を染めて経営を危うくする企業があとを絶たない。それは何故なのか。「本音」に表われる経営トップの倫理観を周囲はよく見抜いている。しかし、時代は明らかに「誠実な企業」を求める方向に変わりつつあり、それを体現するコンプライアンス(法令遵守)経営についても本章では言及している。

そして第七章は、経営の継承と経営者の引退をテーマとしている。まず、家族企業における継承の危機や人材の確保の問題に触れ、次に経営者の世代交代に伴う経営改革を継承の問題として考察している。そして、最後に経営者の引退という個々の経営者にとっての究極のテーマを取り上げた。

表 1　トップマネジメント層と上級管理者層

	役職		
トップマネジメント層	代表取締役	会長	名誉会長
	代表執行役員	副会長	相談役
	CEO（最高経営責任者）	社長	監査役
	COO（最高執行責任者）	副社長	顧問
		専務取締役	
		常務取締役	社外取締役
		取締役	
		常務執行役員	
		執行役員	
上級管理者層	本部長	支社長	
	部長	支店長	
	副部長	室長	
	次長		
	部長代理		
	部長補佐		

「経営者」とは誰か

なお、本書で取り上げる「経営者」とは、「企業経営者」であり、当該企業の最高の立場にあるトップリーダー層、すなわち「トップマネジメント層」を占める一群の人たちを指している。トップマネジメント層に属する経営者は、株式会社組織においては「取締役」に選任された人たちと考えてよい。近年は取締役とは別に新たに「執行役員」制度を導入する企業が増えているが、これらの人たちも含めて、従業員に対して「役員」を経営者と考えるのが一般的であろう。

　取締役は代表権を有する「代表取締役」と代表権を持たない取締役とに区別される（執行役員についても代表権を持つ「代表執行役

員」が存在する)が、取締役としての役割上「社長」「副社長」「専務取締役」「常務取締役」「取締役」という階層に分けられる。さらに社長の上位に「会長」「副会長」というポストを設けている企業も多い。

最近、コーポレートガバナンスの見地から注目を集めているのが「社外取締役」という役職であるが、これに加えて従来からの「監査役」もトップマネジメントに含まれるポストである。

さらに会長や代表取締役を退任後、「名誉会長」「相談役」などのポストを設けている企業もあるが、これらのトップマネジメント層に含まれるポストを表1のように整理することができる。上級管理者層の役職を、役員が兼務する場合(従業員兼務役員)もあるが、役員ではない上級管理者はトップマネジメント層からは区別される。

また、最近ではアメリカの呼称に倣って「最高経営責任者(CEO: Chief Executive Officer)」を名乗るケースも一般的になりつつある。この場合、最高経営責任者であるCEOに対して最高執行責任者としてのCOO(Chief Operating Officer)を設け、たとえば、会長がCEOを、社長がCOOを担当するといった具合に役割を分けている場合も見られる。

第一章　「オーナー経営者」と「サラリーマン経営者」

1 所有者企業と「オーナー経営者」

企業経営者を考えるとき、同じ代表取締役あるいは社長であっても、経営者としての立場は一様ではない。すなわち、資本の所有と経営の関係が一体的な場合と分離している場合とでは、企業とトップマネジメントとの関係に本質的な違いが存在する。前者は資本の所有機能を有する経営者であるが、後者は所有機能を持たない経営者であり、両者の間には経営者としての行動に重要な違いが出てくるのである。

現代アメリカの代表的な経営史学者A・D・チャンドラーによれば、企業は、所有と経営の主体に即して「所有者企業」と「経営者企業」に分類される。所有者企業、すなわちオーナー企業とは、当該企業の資本(株式)の中心的所有者であるオーナーが、経営における意思決定、すなわち、日常的な経営管理上の意思決定も中長期的な経営戦略上の意思決定も、そのすべてを行なっている企業である。そうした所有者企業の経営者を「オーナー経営者(所有経営者)」と呼んでいる。

原型としての「個人経営者」

この所有者企業の出発の多くは、自ら起業した小規模な「個人企業」であり、そこでは組織も未分化ななかで一人の所有経営者にすべての経営機能が集中しているのが一般的である。「個人経営者」は起業にあたって資金を自ら調達しなければならない。これはすべて自己資金の場合もあれば、第三者から融資を受ける(借り入れる)場合もあるが、いずれにせよ、資本の所有機能を有している。(出資した第三者がメインの株主である場合は、オーナーはその出資者であるから、個人経営者はオーナー経営者ではないことになる。) 融資を受けたオーナーである個人経営者は当然その借り入れに対して「個人保証」をしなければならないが、サラリーマン経営者が「個人保証」を求められることはまずないわけで、このあたりにオーナー経営者とサラリーマン経営者の本質的な違いを指摘できる。「この会社の所有者は自分なのだ」という所有者意識が生ずるのは必然であろう。しかし、これが行き過ぎると、オーナー経営者による「会社の私物化」の危険を生み出すことになりかねない。

このように多くの所有経営者の出発は「個人経営者」である。そして、個人経営者が自分の家族を経営に参画させるとき、その企業は個人企業から「家族企業」になり、また、創業者である個人経営者が自らの引退に伴い、経営を家族に継承するとき、そこに「家族経営者」が誕生することになる。この家族経営者にはおおむね所有機能も引き継がれる場合が多く、したがって家族経営者もその場合はオーナー経営者である。

個人企業あるいは家族企業が成長・発展を遂げ、企業組織が大きくなるにつれてオーナー経営者によって雇用された有給の経営管理者が経営に加わり、所有経営者にすべての経営機能が集中している状況から、所有機能を持たない雇用された経営管理者に経営機能が委譲されるという事態へと発展していくことになる。

さらに、もう一つの特徴を考える基本となるのが、オーナー経営者の多くは自らの意志で事業を起こす起業家であり、創業者であるという点である。企業はすべて創業者によって始められるのであって、起業家としてのオーナー経営者の特徴は自らの内発的動機によって経営者になるという点にある。したがって、事業家としての「意欲」の存在が経営者としてのスタート時点で必ず見られるのである。つまり、成功した起業家や功成り名を遂げた創業者には「旺盛な企業家精神」が必ず認められると言ってよい。この企業家精神が止むに止まれぬ動機となり、そこに並外れた能力と強烈な個性が加わってカリスマ性を伴う経営者像ができ上がっていくことになる。

したがって一代にして事業家としての成功を収め、英雄の座に駆け上がった立志伝中の創業経営者のなかにオーナー経営者の原型が見られるのである。彼らは自らの全存在を賭け、自分のみならず、ときには家族をも犠牲に巻き込んですべてを事業に傾注する。事業こそが自分の人生のすべて、という構図をそこに見出すことができる。

いずれにせよ、この所有機能と経営機能を併せ持つトップマネジメントとしてのオーナー経営者には、その資本の所有のシェアが大きければ大きいほど、自らの経営を監視・統制する第三者としての株主の存在は視野に入らなくなってくるのである。

集中する経営機能

所有者企業においては、オーナー経営者に資本の所有機能とともにマネジメント機能も集中しているのが通常の姿である。方針策定、目標設定、計画立案、意思決定、組織と人事、指示・要望、調整、指導・統率などの日常的なオペレーショナルな職能から、中長期的な戦略策定の機能に至るまで、ほとんどすべての経営機能が経営者に集中することになる。そして、トップマネジメントとしてのオーナー経営者に最も特徴的な点は、まずその意思決定の機能を行使する場面に表われると言ってよい。個人企業における個人経営者の場合は、経営上の意思決定は当然のことながらオーナーの一存で決められるというスタイルがとられることになる。まさに、一人の経営者の考え方と裁量のなかで企業経営がすすめられることから、一人のトップへの集中度と依存度が極めて高い企業の姿がそこに見られるのである。

このようにオーナー経営者の基本的特徴は、所有と経営が不分離であって、一人の所有経営者にガバナンス(統治)とマネジメント(経営)という二大機能が集中しているところにある。このことの経営的利点は、あたかも全能であるがごとく、一人のオーナー経営者による果断な意思決定を可能にする点である。経営者に才覚と胆力があれば、ときにはリスクを冒して他に先んずる戦略的な決断へと突き進むこともできる。こうしてオーナー経営者にして初めて可能な事業的成功を実現し得たケースを、多くの創業者企業の成功のなかに見出すことができるのである。

しかしながら、一方においてオーナー経営者の陥りがちな病弊についても、その危険の大きさを指摘しなければならない。たとえば、資本の最大の所有者であることに関連して、短期の株主利益への偏った指向に陥る危険である。企業価値の最大化というコーポレートガバナンス(企業統治)の本質を踏み外し、大株主である自己の利益の追求を優先するオーナー経営者の事例は、かつては決して少なくはなかった。このことが株主支配の弊害を招来し、わが国における専門経営者(サラリーマン経営者)の台頭に結びついたことは否めない。さらに、企業をあたかも自分の分身であるかのように振舞うあまり、創業オーナー経営者による企業の私物化の事例も昨今の企業の不祥事のなかに見られるのである。周囲に耳を貸さぬワンマン経営による独善性や、経営判断に合理性や一貫性を欠いた恣意的な態度も、オーナー経営者の陥りやすい病弊と言わざるを得ない。こうした病理に侵されると周囲の力でブレーキをかけるのは至難のこととなり、オーナー経営者の老化に伴う「老害」へと突き進むことになるのである。

創業者企業の発展とオーナー経営者

創業オーナー経営者が幾多の苦難を乗り越えて事業を成功に導き、一代にして繁栄を極めるという創業者企業の成功例は、創業オーナー経営者の光り輝くプラスの側面を物語るものである。

松下電器産業は、創業者・松下幸之助が一九一八年(大正七年)に松下電気器具製作所として創立したのが、そのスタートであった。松下幸之助は、尋常小学校を四年で中退して大阪電燈の工員となり、その退職金を資金にしてソケットの製造を開始したのが創業であった。創業以来、妻むめのとその兄弟が事業の協力者であったことはよく知られているが、妻むめのの実弟・井植《いうえ》歳男とその弟である祐郎《ゆうろう》と薫らが幸之助を支える協同経営者であった。井植兄弟は第二次世界大戦終戦後に松下を去り、三洋電機を創業するに至っている。

幸之助は長男・幸一を満一歳を待たずして失い、長女・幸子に平田家から正治《まさはる》を婿養子に迎えたのである。平田家は伯爵家であり、正治は東大法学部卒で、幸之助とは氏も育ちも違っていた。正治は幸之助の期待のもと、松下電器の監査役を経て取締役に就任し、その翌年には副社長の座に就いている。幸之助は、同時に高橋荒太郎《あらたろう》や藤尾津与次《つよじ》ら現場の叩き上げの専門経営者を重用している。松下正治が社長に就任したのは一九六一年であるが、幸之助会長のもと、高橋荒太郎副社長、中尾哲二郎専務ほか三人の専門経営者という体制を固めている。

松下電器が創業者企業から家族企業に移行しきれず、専門経営者による経営者企業の方向へと歩みをすすめる一つの契機となった出来事として語り継がれているのが、有名な「熱海会談」である。これは一九六四年のことであるが、不況が家電業界を直撃し、松下電器の販売代理店は軒並み赤字に陥った。この経営悪化が、それまでの販売会社に対する押し込み販売や松下の販売店に対する官僚的態度への不満爆発のきっかけとなったのである。熱海で行なわれた「全国販売会社代理店社長懇談会」は、約一七〇社の社長たちの松下に対する非難・攻撃の場となり、混乱を極めるものとなったが、この混乱に終止符を打ったのは幸之助会長の真摯な謝罪と反省であったとされる。その一カ月後、幸之助会長は営業本部長代行に就任し、二年後の一九六六年の決算で創業以来最高の経営業績を収め、同時に販売会社、代理店の業績も回復するに至ったのである。

この熱海会談は創業経営者・松下幸之助の圧倒的なリーダーシップを語るエピソードとして語られ、カリスマ性を促進する役割を果たすことになる一方で、社長・松下正治の影響力を低下させ、権威も地に堕ちる結果となるのである。

その後、幸之助は健康を理由に会長を退任し、高橋荒太郎が会長になるが、一九七七年にはいわゆる「山下跳び」と称される山下俊彦平取締役の社長への抜擢人事があり、その後の松下電器は正治の長男・正幸をめぐる後継問題で松下家と山下氏との軋轢を経験することになるものの、谷井昭雄、森下洋一から今日の中村邦夫社長に至るまで、内部昇進専門経営者によって経営者企業として引き継がれる過程を辿っている。

一方、所有者企業として長期的発展に成功した企業の例として有名なのが、米国の巨大総合化学メーカー、デュポンであり、一八〇二年から一九六七年までの一六五年間、社長および会長のポストはデュポン一族によって占められた。その間、同社は所有者企業であり続けたのであるが、二〇世紀初頭には、CEO(最高経営責任者)と経営委員会が分離され、CEOはデュポン一族が、経営委員会は専門経営者が主に担うという役割分担が徐々にすすめられてきたのである。

同様に、ユダヤ系の国際金融資本家ロスチャイルド家の一族による長期的支配も著名な事例である。一七六〇年代後半に、ドイツのフランクフルトの両替商マイヤー・アムシェル・ロスチャイルドがヘッセン伯ウィルヘルム九世の寵を得て、その宮廷銀行家として大資産の土台を築いた。その後、五人の子どもをフランクフルト、ウィーン、ロンドン、ナポリ、パリに置いて、家族的結合のもとに事業を拡大させ、とくにロンドンで営業した三男・ネーサン・マイヤーは、ナポレオン戦争時に英国の戦費を調達し、国債金融業者として名声を確立したとされている。

オーナー経営者としての創業経営者の成功例は枚挙に暇がないほど豊富に見られるが、創業者からその家族へと継承される過程は紆余曲折を経てさまざまに展開されるものであり、ロスチャイルド家のような事例はむしろ稀なケースといってよいであろう。

家族への継承

成功した創業者企業が家族企業として発展を続けるためには、相続人あるいは他の親族のなかに経営を継承しうる人材を見出しうることが、何よりも必要であると言える。つまり、一般的には、一族のなかから経営を発展的に継承するに足る人材が輩出する確率は必ずしも高くはないのである。

松下家の場合も、松下幸之助は世襲すべき直系の家族に恵まれなかったわけで、結局は創業者企業から経営者企業へと早期に脱皮する途を選択したのである。

家族への継承を全く考えなかった本田技研のようなケースは、むしろ珍しいのかもしれない。創業者・本田宗一郎が、会社を公器と考え、人の採用にあたって縁故や情実を一切排除し、役員の姻戚関係者の入社を厳禁したことや、浜松製作所所長であった実弟の弁次郎を突然解任した話は有名である。また、派閥をつくらず、派閥があるとすればそれは「小学校閥」だけという学歴無用の社風を徹底させ、実力主義人事を貫いたこの企業に家族への継承という考えはなく、本田宗一郎のあとはすべて内部昇進の専門経営者へと引き継がれている。

服部時計店の創業者・服部金太郎は、一八八一年(明治一四年)時計小売商を開業、次いで卸売り、外国商館からの仕入れ、直輸入を経て自家製造へと急拡大したが、一九一七年(大正六年)株式会社となり、株式の九八パーセントを所有していた。金太郎の三人の息子はいずれも服部時計店に勤務し、創業者・金太郎の死後、二代目社長には長男の玄三が就任、三代目には次男・正次《しょうじ》が就任した。その後、服部家の全額出資による別会社、第二精工舎の設立、さらに子会社、大和工業との合併による諏訪精工舎の独立、服部時計店の服部セイコー(現セイコー)への社名変更に続いて第二精工舎のセイコー電子工業(現セイコーインスツルメンツ)への社名変更、さらに子会社、信州精器(エプソン)を合併して諏訪精工舎のセイコーエプソンへの社名変更と続く過程で、服部家と関連子会社への出資関係や同族間における本家と分家の人間関係が複雑さを増していった。

創業者の長男・玄三に比べ次男・正次の経営的力量が大きかったと伝えられているが、玄三の長男・謙太郎、次男・礼次郎は、いずれも後継者となる一方、正次の長男・一郎もセイコー電子、セイコーエプソンの社長を務めていた。だが、一郎が一九八七年に急死したあと、謙太郎も亡くなるなど不運が重なったこともあり、グループ内の経営資源の配分にも創業家内部のさまざまな葛藤を反映した様子がうかがわれる。しかしながら、複雑な創業家の内部事情を抱えつつも、力量ある専門経営者の協力を得ながら経営改革に取り組んでいるのが服部セイコーグループの経営者模様である。

創業者の相続人が後継者となり得なかった創業者企業の事例も少なくないといえるが、たとえば、鹿島組の創立者・鹿島岩蔵の場合は、後継者たるべき長男の龍蔵《たつぞう》への継承に失敗している。すなわち、龍蔵は一高に進学したが、大正末期の文士や芸術家の居住地であった田端に住み、財力に恵まれていたことから、文人墨客のパトロンとして慕われたという。結局、一高を卒業せず、イギリスのグラスゴー大学で造船学を学び、鹿島組に入社して役員にはなったが、指導的役割を果たすことなく趣味に生きたと言われている。

そして、鹿島家は長女・糸子に養嗣子として東京帝大土木工学卒の葛西精一を迎え、後継者にしている。さらに、葛西―糸子の間には娘しか生まれず、長女・卯女《うめ》に葛西が欧米視察中に知り合ったとされる外交官・永富守之助を婿養子に迎えるのである。鹿島守之助と卯女の間には一男三女が生まれたが、長男・昭一が末子であったため、守之助・卯女夫妻は長女・伊都子を東大法学部卒の通産官僚・渥美健夫に、次女・よし子を東大工学部卒の国鉄マン・石川六郎にそれぞれ嫁がせ、この両人とも鹿島建設のトップに据えている。経営史学者・森川英正(元日本経営史学会会長)が鹿島を女系家族企業と位置づけている所以である。その後、長男・昭一も東大を卒業すると同時に取締役に就任し、後に社長に就任している。

オーナー経営者の特質

オーナー経営者の基本的な特質は、創業オーナーや起業家のなかに見出すことができる。すなわち、内部昇進のサラリーマン経営者が組織のなかで周囲から推されて、いわば他者の意向に促される形で経営者になる場合とは対照的に、まず自らの意志と内発的動機から経営者になるという点である。つまり、かれらは自分の内なる旺盛な事業意欲によって自らを突き動かし、止むに止まれぬ動機が起業へと駆り立てるのであり、その結果として経営者が誕生するのである。ときには寝食を忘れ、自らのすべてを事業に傾注し、一再ならず失敗や挫折を撥ね除ける強靭さ、さらにはすべてのリスクを一人で背負い込む冒険心……。事業的成功を勝ち得た起業家のサクセスストーリーには、こうしたエピソードがしばしば語られる。

一代で英雄の座に駆け上がった創業経営者に見られる神格化された「カリスマ性」は、強烈な個性や並外れた能力を伴うことが多い。

組織や社会に適応するための形式はあとからついてくるものであって、あくまでも実質重視を貫き、リーダーとしての行動スタイルは独断専行型になりやすい。

意思決定も組織重視の合議制によるよりは、独自の決断によるトップダウンですすめられる傾向がある。独自の感性、自ら築いた人脈にもとづく情報が優先し、すばやい意思決定が可能な一方、気まぐれや独りよがりな行動に周囲が振り回されるケースも稀ではない。

しかし、同じ所有経営者であっても、創業経営者と創業者を継承した二代目以降の家族経営者とが本質的に異なることは当然の成り行きといえよう。そればかりか、一代で成功を収めた創業者の家族のなかから、後継者たりうる優れた人材の輩出する確率はむしろ低いと見るべきである。創業者企業の成功を食い潰す凡庸な二代目経営者の例も、むしろありがちなことなのである。

2 経営者企業と「サラリーマン経営者」

所有と経営の分離がすすみ、所有者でない有給の経営者が日常的・継続的な経営管理においても、長期的・戦略的な意思決定においても最高経営責任者としてかかわっているのが「経営者企業」である。この場合の株式の所有の形態は一律ではないが、おおむね分散した資本の所有者は、経営の意思決定にはほとんど、あるいは全く関与しない。

自社の株式をほとんどあるいは全く持っていないが、経営における最高のレベルの意思決定を行なう経営者を「サラリーマン経営者(専門経営者)」と呼んでいる。したがって「サラリーマン経営者(salaried manager)」は、所有機能を持たず、経営機能だけに専門化した経営者(専門経営者)を意味するが、特定分野のキャリアを専門に経験したスペシャリスト経営者、あるいはプロフェッショナル経営者という意味で使われる場合とは区別される。

財閥企業と専門経営者

わが国において専門経営者が現れはじめたのは明治維新後である。江戸時代に起源を有する伝統的な財閥企業である三井財閥は、江戸前期の豪商・三井高利(一六二二—九四)を開祖とするが、明治以降においても本社たる三井合名の社長は三井本家の主人が務め、銀行、物産、鉱山等の直系企業の社長は三井十一家から出ていた。そして常務には内部昇進の専門経営者が当てられていた。これは使用人の長たる番頭が実務を取り仕切る番頭政治の伝統を引き継ぐものであったが、維新後の資本主義の勃興を背景に新しい産業分野や新技術の展開、そして新たな市場機会に対応するためには高学歴の専門経営者に経営を委ねる流れが一般的なものとなっていたのである。三井財閥においては大番頭・三野村利左衛門《みのむらりざえもん》に代わって大学卒の専門経営者が華々しく活躍することとなったが、なかでも中上川彦次郎、益田孝、団琢磨、藤山雷太、藤原銀次郎らの活躍は、いわゆる「人の三井」の礎となるものであった。かれらは新時代にふさわしい高学歴者の後輩たちを採用し、人材の層の形成に力を尽くした。

同様に、住友財閥においても、住友合資の社長には住友家長が当たる一方で、総理事、常務理事のポストには伊庭貞剛、田辺貞吉、河上謹一、鈴木馬左也らを重用し、新しいタイプの専門経営者として敏腕を振るった。

また、維新後の新興型財閥とされる三菱、古河の財閥においても、専門経営者の活躍が見られた。創業者(岩崎弥太郎、古河市兵衛)が死去して家族企業に移行したこの両財閥の場合、三菱では、弥太郎の弟の岩崎弥之助、弥太郎の姪の夫の荘田平五郎、弥太郎のいとこの豊川良平らの岩崎家の人びとが、学卒の専門経営者の協力を得てトップマネジメントの任に当たった。古河では、創業者・市兵衛の時代からの番頭・木村長七、学卒の専門経営者であり技術者でもある近藤陸三郎、市兵衛の養嗣子・潤吉の実家、陸奥家を代表する政治家・原敬、岡崎邦輔、あるいは井上馨、渋沢栄一などの有力な人物たちがトップマネジメントにかかわった。

家族企業から経営者企業へ

創業者企業が家族への継承を成功させ発展を続けたデュポンのようなケースは稀であって、企業として永続的な発展を意図するなら、専門経営者の協力を得て経営者企業に移行していくのが経営史から見ても大きなトレンドであると考えられる。

このことは、比較論として家族企業より経営者企業の方が優れていると結論づけられるということではない。肝心なのは、企業が永続的な成長を遂げようとする過程で、専門経営者が一定の役割を果たしうるという事実である。

家族企業にありがちな内部対立、ひいてはお家騒動、個人の利益に重きを置く自己中心的な傾向などを乗り越えて、専門経営者たちの協力を得ることで組織的かつ合理的な経営に移行する方策がとられるのである。

経営史学者の森川英正は「経営者企業のトレンドとしての優位性」を次のように指摘している(森川英正『トップマネジメントの経営史』有斐閣、一九九一年)。

①人材の母集団として、専門経営者は創業者家族よりはるかに大きい。

②創業者家族の生育環境は一般に豊かで恵まれており、専門経営者に比べて厳しさに欠ける場合が多い。

③創業者家族は、どうしても家名、家産の存続に対して重大な関心を抱き続ける。家族企業の経営成果はオーナーである家族の手元に還流されなければならぬ。その点、専門経営者は家とのしがらみから、より自由である。

④内部昇進を通じて階層的組織を経験しマネジメントスキルを鍛え上げた専門経営者の方が、一般に創業者家族に比べて事業現場に関する情報に通じている。

表2　大企業の取締役会における専門経営者数

	大企業の数	専門経営者の数					
		0	1	2以上	2〜半数以下	過半数	不明
1905年	75	47	22	5			1
1913年	115	48	38	29			0
1930年	158	15	27	113	71	42	3

大企業の基準は払込資本金額による：1905年＝100万円以上，1913年＝150万円以上，1930年＝1000万円以上
(森川英正『トップマネジメントの経営史』有斐閣，1991年より)

⑤トップ経営者が大きな失敗をしでかした場合、専門経営者の方が取り替えやすい。

専門経営者の取締役会への進出

表2の資料は森川英正の調査によるものだが、明治後期から昭和初期にかけて当時の大企業の取締役会において、どの程度、専門経営者が進出していたかが示されている。一九〇五年(明治三八年)の時点では、取締役会のなかに専門経営者が一人もいない大企業が七五社中四七社(六二・七パーセント)もあったが、それからわずか八年を経ただけの一九一三年(大正二年)には、総数一一五社のうち専門経営者が一人もいない大企業は四八社(四一・七パーセント)に減っている。この時期、大企業の経営環境は内外ともに大きく変化し、トップマネジメントにとって困難な課題が増大したのである。経営に実質的に参加した経験に乏しい資本家たちにとって、大株主の資格だけで経営の執行を乗り切ることは至難のわざであった。

さらに一九一三年から一九三〇年（昭和五年）にかけて、専門経営者の進出が一層顕著であったことは明らかである。取締役会に専門経営者の一人もいない大企業は九・五パーセントに激減し、二名以上の企業が七一・五パーセントを占めるに至っている。

第一次大戦のあと、企業の市場、金融、技術等の諸環境の変化のなかで経営者企業の発展は著しいものがあり、非常勤のオーナー経営者では有効に対応できなくなり、トップマネジメントへの専門経営者の進出を一挙に促したということであろう。

その背景にはさらに第一次大戦期の好景気のなかで、企業規模の拡大、事業内容の多元化、企業合併、経営組織の複雑化などがあり、その結果、大企業では取締役の数そのものを増大させる必要があったのである。

経営者企業の台頭とサラリーマン経営者

創業者企業において所有者企業（オーナー企業）としての家族企業（同族企業）のまま経営が継承されるケースも中小規模の企業の場合は稀ではないが、企業が規模を拡大し組織の階層化がすすむ過程では、先述の松下電器の例に見られるように、経営者企業へと発展する場合が多いといえる。

オーナー経営者の意志によって株式非公開を維持する未上場企業の場合、専門経営者の進出する余地は少なくなるが、その場合でも、たとえば出光興産のように、現在では創業家である出光家以外からサラリーマン経営者(天坊《てんぼう》昭彦)が社長に就任している例もある。

ソニーの場合、井深大《まさる》、盛田昭夫の二人の創業者のうち、井深が六三歳で代表取締役会長に退いたあと、社長に就任した盛田一人の影響力が強まり、経営者企業に脱皮するよりは創業者企業の様相を呈するに至った時期があったことは否めない。しかし、一九九三年一一月に盛田が病に倒れ会長を辞任したあとは、急速に経営者企業へと変貌を遂げたのであった。大賀典雄会長、出井伸之社長の新体制となり、その後、出井会長(ＣＥＯ)、安藤国威《くにたけ》社長(ＣＯＯ)というサラリーマン経営者による執行体制に完全に移行したのであった。

日立製作所の場合は、当初は久原《くはら》財閥オーナー・久原房之助のもと創業された形だが、実質的には日立鉱山の一技術課長であった小平《おだいら》浪平によって起業されたのが始まりであった。小平は久原鉱業所日立鉱山を開業した久原の誘いに応じて東京電燈から日立鉱山へと転じたが、電機機器国産化の夢を何度も久原に訴えるものの、久原の承認はなかなか得られなかった。しかし、小平は諦めず、日立鉱山の修理工場を実際には電機機器の製作工場として立ち上げたのである。これが実質的な日立製作所の創業であり、その後、経営活動は一貫して小平浪平を最高経営者とするサラリーマン経営者の手に掌握されていた。したがって、日立製作所はサラリーマン経営者によって創業された企業と考えてよいわけで、小平はいわば「企業内起業家」の先例といってよく、その後の日立製作所の経営陣のどこを探してもオーナーは見当たらないのである。日立製作所は創業当初から経営者企業であったとみてよいであろう。

サラリーマン経営者の特質

本書では、「専門経営者」と「サラリーマン経営者」を同義に扱っているが、なかでも内部昇進型の専門経営者は「サラリーマン経営者」の語義のニュアンスに近い。

新卒者の定期採用で入社するか、既卒者の採用によって中途入社するかのいずれにせよ、組織の階段を昇りつめた最終ステージが「役員」というポストである。この昇進の問題は後の章で取り上げるが、サラリーマン経営者は、先に見たオーナー経営者に比べていくつかの特質を備えている。

まず、オーナー経営者が自らの意志で、そして事業家としての動機が先行して経営者になっているのに対して、サラリーマン経営者は同僚・上司・部下という人間関係のなかで一つひとつ階段を昇り、周囲に認められ、あるいは上司から引き上げられるという形で、経営者になるという点である。「取締役」に昇進していく人は、組織によって選ばれるのである。したがって、人間関係への配慮やバランス感覚が重要なものとなり、そうした感性が欠けると日本的な企業組織では受け入れられなくなる。

かれらは事業現場や実務に精通し、階層的組織に適応し、人脈力や情報収集力に長《た》けている。何ごともバランス重視、組織内の事情に通じているので調整的にリーダーシップを発揮して、いわば集団合議制でものごとを推し進めていく。トップダウンよりはボトムアップ、管理的な意思決定という組織依存のプロセスに順応している。

バブル崩壊以後の長い低迷を打開するためには、周囲の反対を押し切ってリスクテイキングな英断を下したり、過去のしがらみにとらわれない現状改革的な施策を断行するなどの戦略的リーダーシップが望まれるが、その点では、サラリーマン経営者に多くは期待できない。

専門経営者でありながら、日産自動車のV字回復を実現したカルロス・ゴーン社長に賞賛が集まる理由はここにある。内部昇進の専門経営者にはできなかったのである。

つまり、周囲の動向に気を配り、リスクを避け、調整的にことをすすめるあまり、官僚的保身に陥るのがサラリーマン経営者の通弊なのである。

第二章　経営者の役割とは何か

1　経営者の基本的職能

経営者とは何をする人か、経営者の果たすべき役割・機能について明らかにするのが本章のテーマである。オーナー経営者であれ、サラリーマン経営者であれ、経営者として期待される役割に基本的な違いはない。

経営者の三つの機能

わが国における数少ない経営者研究の第一人者、故清水龍瑩《りゅうえい》慶応義塾大学名誉教授は、経営者の基本的役割を三つに規定している。後に触れるように、経営者の機能に関する学説は、C・I・バーナード、H・A・サイモン、J・P・コッターなどによってさまざまに論じられているが、経営者の実際の行動指針として最も分かり易いのが、この清水説である（たとえば、清水龍瑩『能力開発のための人事評価』千倉書房、一九九五年）。

すなわち、経営者が必ず果たすべき役割とは次の三つである。

第一の役割が「将来ビジョンの構築と経営理念の明確化」、第二の役割が「戦略的意思決定」、第三の役割が「執行管理」である。

「将来ビジョンの構築」は、さまざまな要素を有機的かつ複合的に嗅覚のようなもので洞察することによって可能になる、と清水は言っている。一〇年、二〇年あるいはそれ以上のスパンで夢を描く作業でもある。また、経営理念については、経営者個人の哲学のみでなく、企業の歴史や独自の文化を自らのなかにどう取り込むか、という感性の働きも見逃せない。

P・F・ドラッカーの言う「不確実な明日に向かって、いま何をなすべきか」を決断するのが第二の役割「戦略的意思決定」の本質なのだが、そのとき経営者は自らの企業にとっての最も基本的な価値(コア・バリュー)と経営の基本理念を明らかにした上で、将来に向けてのビジョンを提示しなければならない。この第一の役割と第二の役割を同時的に果たさなければならないところに経営者機能の特質が存在すると見なければならない。

「執行管理」とは、経営者に日常的に求められる役割で、とくに必要なのが周囲の人びととの行動をいかに動機づけ、関係者の信頼と協力をいかに獲得するかという対人関係機能であり、また、取引先や金融機関との関係、会社の代表者としての対外的な活動、時間の有効活用なども含まれるが、極めて多岐にわたる日常的な役割を同時並行的に、優先順位をつけながら、遅滞なく処理することが求められる。

この清水説のほか、経営学者が提示している経営者の役割をいくつか例示しておこう。

米国ベル電話会社社長、ロックフェラー財団理事長などを歴任し、経営者としての長年の経験をもとに組織の法則的認識の体系化を目指し、名著『経営者の役割』(山本安次郎・田杉競ほか訳、ダイヤモンド社、一九六八年)を著したC・I・バーナードは、

①多数の構成員の活動を方向づけるために、共通の目的を明確にすること

②各構成員の協同意欲(willingness to cooperate)を高めること

③各構成員の活動を相互に調整するために情報を伝達すること

の三つの役割にまとめている。

P・F・ドラッカーは、「効果的な経営者の五つの条件」として

①時間の有効活用

②究極目的に貢献するよう自らの行動を律する

③自社のなかの強みを見据えて実行可能なことを考える

④重要な領域に力を入れる

⑤決定は基本的な少数の対象に絞る

にまとめている（『経営者の条件』野田一夫・川村欣也訳、ダイヤモンド社、一九六六年）。

さらに、ハーバード大学ビジネス・スクール教授（組織論）のＪ・Ｐ・コッターは、最高経営責任者を含めた一般的な経営者の役割として

①不確実性のもとで基本目標、方針、戦略を設定する
②長期的視点に立って各種資源を配分する
③多数の込み入った諸活動から問題点を出す
④多くの関係者の協力を得る
⑤多様な人びとを動機づけ、コントロールする

の五項目に整理している（『ザ・ゼネラル・マネジャー』金井壽宏・加護野忠男ほか訳、ダイヤモンド社、一九九五年）。

社長の職能

経営者に課せられた機能として、「社長」の職務規定を設けている企業もある。これは一九六〇年代の米国企業の例であるが、スタンダード石油（現エクソンモービル・グループ）では「マネジメント・ガイド」のなかで「社長職務規定」なるものを示している。それによれば、

社長の職務とは

「全社的事項を実施し、取締役会で決定した諸方針を解釈・適用し、また自ら諸方針を立て、現業部門の直接業務およびスタッフ部門の間接業務を統制し、さらに社外関係(public relations)を処理する」

と書かれている。そして、そのために遂行すべきこととして、①意思決定を行なう、②全社的方針と目的を設定する、③統合調整をする、④組織する、⑤権限を委譲する、⑥政府、売主および公衆に対して終始会社の代表にふさわしい関係を保つ——という職務が記述されている(西野嘉一郎『明日の経営者』東洋経済新報社、一九七五年)。

職務分析にもとづく職務記述書がすべての職務について整備されている米国方式の場合は、通常、こうした規定が準備されるのであろう。

そうした職務ガイドなどのないわが国では、社長自身が自分の役割を自ら規定しているケースも見られる。田中貴金属工業の代表取締役社長(当時)・深見忠彦は、筆者との対談のなかで「社長の大事な三つの役割」として、

①会社がどういう方向へ進んでいくかを決める(旗を振る)

②だれにどの仕事を担当させるかを決める(首をすげかえる)

③いかに効率よくお金を投資し、運用するかを決める(お金を配分する)

と述べている(『HRRメッセージ』第二二号、人事測定研究所、一九九三年)。

ボストン・コンサルティング・グループはJ・C・アベグレン監修の『ビジネス・リーダーシップ』(東洋経済新報社、一九七〇年)のなかで「経営者のなすべき三つの最重要事項」として、

①企業組織の維持存続——とにかく会社を歩かせる
②組織活動の統制管理——まっすぐ歩かせる
③目標の設定——目的地を決める

という三つの事項をあげ、さらに「つねに新しい方針を打ち出さねばならない」こと、および「企業活動のあり方を必要に応じて変えることができること」という条件を付言している。

同様に、P・F・ドラッカーは『ドラッカー経営哲学』(野田一夫監修、日本事務能率協会、一九五九年)のなかで、トップマネジメントの任務として

①基本的方向を指示するという継続的役割
②三つの経営資源(人的資源、組織機構、企業資金)の有効活用
③社会の将来をつくるという課題ならびに自由経済の維持強化という社会的責任の遂行
④基本的価値を定めるという組織の精神の設定

という四つの役割を提示している。

以上に示したのは、経営執行の最高責任者としてのトップマネジメントの役割であるが、いずれの記述を見ても「会社の進むべき方向を定める」という意思決定者としての役割が中心をなしていることは明らかであろう。

そして、会社の方向を定めるためには、その根拠となる企業としての価値観、経営理念、さらには将来へのビジョンが描かれていて初めて方針たり得るのである。

最高経営責任者(CEO)の役割

「最高経営責任者」とは、Chief Executive Officer の邦訳であり、CEOと略称される。

最高経営責任者(CEO)は、トップマネジメントを担う者には違いないが、社長とも、会長とも、また代表取締役とも同義ではなく、果たしてこの「最高経営責任者」という訳語自体が正確・妥当なものと言えるのかについても疑義がないとはいえない。

近年、わが国企業においても、代表権を有する会長や社長がこの役職名を併用する傾向が一般化しつつある。つまり、名刺の肩書きの英文名に“President & CEO”あるいは“Chairperson & CEO”と書かれているケースが珍しくなくなっている。

「最高経営責任者（CEO）というのは、とんでもない仕事だ。一年先まで予定が埋まり、それでいて毎日予期せぬ危機が起きて日程が狂い、一日が非常に長く、しかももう少し時間がほしいと焦るほど時が速く過ぎ去っていく。重大な決断をする重圧が常にある。何をしていても仕事が頭から離れない」。

これは前ゼネラル・エレクトリック（GE）会長兼CEOのジャック・ウェルチが「私の履歴書」（『日本経済新聞』二〇〇一年一〇月二九日）のなかで述べた言葉である。

経営者の職能は複数からなるトップマネジメントによって遂行されるものといえるが、そのなかでただ一人のトップである最高経営責任者（CEO）に求められる役割は、他に委譲できない究極のトップの役割ということになる。

もっとも、最高執行責任者すなわちChief Operating Officer（COO）との役割分担が決められていたり、代表権のある会長と社長がCEOとCOOを分け持っていたりするケースが増えていることもあり、「ただ一人のトップ」の役割を究極の最高経営責任者の機能として峻別するのは難しい状況もある。

後に触れるコーポレートガバナンス機能にかかわる問題だが、「執行役員」制度が導入され、経営の執行とそれを監視・統制するガバナンス機能が分化し、取締役会がそのガバナンス機能を担当することになると、最高経営責任者の役割は「最高執行役員」ということになるはずである。にもかかわらず、わが国の場合、ＣＥＯを名乗り、同時に代表権のある会長や社長が取締役会の議長も兼任していることが通常である。つまり、経営の執行とガバナンスとが必ずしも明確に分離していないことも多く、「最高経営責任者」という名称のみが一人歩きしている感を拭えない。

ジャック・ウェルチはＣＥＯが重視すべき行動のポイントを次の六項目にまとめている。

①常に首尾一貫していること、トップが何を求めているかを常に率直に周囲に伝えて組織に統一性を与えること。

②形式ばらずに自由に気楽な雰囲気をつくること。官僚主義は人と人の間に壁をつくるだけ。地位、肩書きに関係なく、自分の意見が尊重してもらえると思える組織を目指す。

③傲慢と自信の違いを知ること。自信のある人は異論、異見を歓迎し、素直に耳を傾けるだけの勇気をもつ。

④人が第一、戦略は二の次と心得ること。仕事で最も重要なのは適材適所の人事であって、優れた人を得なければ、どんなにいい戦略も実現しない。

⑤実力主義にもとづいて明確な差別待遇をすること。部下を〝気楽に〟差別化できる者は

組織人間ではないし、差別化できない者は管理職失格である。
⑥最高のアイディアは常に現場から生まれる。本社は何も生まないし、何も売らないことを肝に銘じよう。
これを見ても明らかなように、CEOというのは経営執行の最高責任者なのである。

2　優良企業に見られる共通項

ビジョナリー企業と経営者の機能

わが国でもベストセラーになったJ・C・コリンズとJ・I・ポラスによる『ビジョナリーカンパニー』(山岡洋一訳、日経BP出版センター、一九九五年)は、先見性のある未来志向の企業に共通する特質を探ろうとした好著である。

それぞれ企業での実務経験を持っている二人の著者(コリンズはヒューレット・パッカード、ポラスはGE)は、ビジョナリー企業、つまり単なる優良企業ではなく、優良企業のなかの最優良企業、すなわちオリンピックのメダルでいえば、銀、銅メダルではなく「金メダル」受賞者にあたる企業のみに見出される要件は何かを探ろうとした。つまり、銀メダル、銅メダルと金メダルの間にいかなる差異があるかを見出そうとしたのである。

金メダルに該当する企業として選び出された企業は、3M、GE、ヒューレット・パッカード、IBM、ディズニー、ボーイング、シティコープ、フォード、ジョンソン＆ジョンソン、マリオット、メルク、モトローラ、プロクター＆ギャンブルなどだが、日本企業からはソニーが入っている。

二人の著者の結論は、それらの企業に共通しているのは、個人ではなく組織が偉大であるという点であった。すなわち、これらのビジョナリー企業は、一人の優れた指導者(経営者)の活躍できる期間を超えて繁栄を続け、最高経営責任者が世代交代しており、社外からCEOを迎えた企業はなかった。そして、それらの企業の経営者は、カリスマ的な指導者ではなかった。

3M(ミネソタ・マイニング＆マニュファクチャリング社)の総支配人、CEO、会長を一九一四年から一九六六年までの五二年間務めたウィリアム・マックナイトという人物は、強いカリスマ性とは縁のない指導者で、謙虚で聞き上手、慎み深く、控えめで、思慮深い、物静かな人物であった。マックナイトは、自分がいなくなったあとも繁栄を持続しうる仕組みをつくることを目指したのである。

二人の著者は、これらの企業は、「時を告げる」のではなく「時計をつくっている」、と表現している。「時を告げる」とは、新製品を大々的に発表するなど華々しく花火を打ち上げることであるのに対して、「時計をつくる」というのは、一時の繁栄ではなく、繁栄を持続しうる仕組みをつくり上げることである。

ビル・ヒューレットとデーブ・パッカードの究極作品は、音響用オシロスコープでも電卓でもなく、ヒューレット・パッカード社とHPウェイ(ヒューレット・パッカード流のマネジメント方式)である。

また、井深大の最高の「製品」は、ウォークマンでもトリニトロンでもなく、ソニーという企業であり、企業文化である、と結論づけている。

そして、これらの企業に共通しているのは、基本的価値観や信念が揺るがないこと、逆境から立ち直る力があること、という特徴も指摘している。

優れたCEOの共通項

もう一つ、米国の調査データを見てみよう。

米国におけるCEO調査の第一人者と目される米国の大手ヘッドハンティング会社スペンサースチュアートの会長T・J・ネフと、同社マネージングディレクターのJ・M・シトリンによる調査データである(『最高経営責任者』小幡照雄訳、日経BP社、二〇〇〇年)。

調査はギャラップ調査機関の協力のもとに行なわれたが、過去五～一〇年の間に著しく業績の伸びた企業で、その成功がCEOに負うところ大とみなされる経営者を選ぶところから始められた。まず、『フォーチュン』誌のCEOトップ一〇〇〇人から選んだ二〇〇人、米国で急成長を遂げた民間企業トップ五〇〇社から選んだ一七〇人の社長またはCEO、職員一〇〇人以上の非営利団体の指導者八八人、一流大学の学部長および学長一一七人にターゲットを絞り、調査対象者一人ひとりについて、米国における「最高の」企業リーダーを選び出すために次の一〇項目に関して綿密な評価を行なったのである。基準となる一〇項目とは、

・長期にわたる財務実績
・ビジョンと戦略
・困難を克服する能力
・組織と人間に対する指導力
・誠意と人格
・起業家精神
・企業、業界、社会への影響力
・イノベーションの実績
・模範的な顧客志向
・多様化と社会的責任への取り組み

であるが、この結果から「アメリカのベスト企業家五〇人」を選び出したのである。表3に掲げたのが、その五〇人である。

ちなみにこのなかの比較的よく知られた経営者、ゼネラル・エレクトリックのジャック・ウェルチ、マイクロソフトのビル・ゲイツ、インテルのアンディ・グローブ、IBMのルイス・ガースナーについてその詳細をみると、それぞれ異なった点で高く評価されていることが分かる。たとえば、ゲイツはビジョンと戦略、業界や社会への影響力、イノベーションと起業家精神という重要な項目で高く評価されており、ウェルチは長期的な実績、組織における指導力で最も評価が高い。ガースナーは顧客志向と困難を克服する能力で最も高く評価され、グローブは起業家精神の項目で一番得点が高くなっている。

さて、この五〇人のベスト企業家から学ぶべき教訓として、著者たちは事業に成功するための新しい原則を次の六つのポイントにまとめている。

①誠実に生き、見本を示して指導する。
②勝利につながる戦略、つまり大きな構想を立てる。
③優秀な経営陣を築く。
④従業員を奮起させ、大きな成果を上げる。

T. J. ネフ & J. M. シトリン著，小幡照雄訳『最高経営責任者』より）

ハーブ・ケレハー	サウスウエスト航空（運輸）
ビル・カー	メレディス（レジャー・娯楽）
チャック・ナイト	エマソン・エレクトリック（電機）
デニス・コズロフスキー	タイコ・インターナショナル（電機）
ラルフ・ラーセン	ジョンソン & ジョンソン（医薬品）
ケン・レイ	エンロン（エネルギー）
シェリー・ラザラス	オグルヴィ & メイザー（広告）
ビル・マリオット	マリオット・インターナショナル（レジャー・娯楽）
ルー・ノト	モービル（エネルギー）
ポール・オニール	アルコア（工業）
ジョン・ペッパー	プロクター & ギャンブル（消費財）
フランク・レインズ	ファニー・メイ（金融サービス）
ハワード・シュルツ	スターバックス（小売業）
チャールズ・シュワブ	チャールズ・シュワブ（金融サービス）
ウォルター・シプリー	チェース・マンハッタン（金融サービス）
フレッド・スミス	FDX（サービス）
ビル・スティア	ファイザー（医薬品）
ボブ・ティルマン	ローズ（小売業）
アレックス・トロットマン	フォード・モーター（自動車）
D・タリー／D・コマンスキー	メリルリンチ（金融サービス）
マイク・ボルケマ	ハーマン・ミラー（工業）
チャールズ・ウォン	コンピュータ・アソシエイツ（技術）
サンディ・ワイル	シティグループ（金融サービス）
ジャック・ウェルチ	ゼネラル・エレクトリック（電機）
アル・ゼイン	ジレット（消費財）

⑤ 柔軟かつ迅速に行動する組織をつくる。

⑥ 管理および報酬制度を改善して、社内の結束を図る。

そして、この結論の締めくくりとして著者たちは「適切なことを適切に実行する──事業に成功するための新しい原則」というタイトルをつけているが、その含意はその解説のなかで著者たちの引用している老子の次の言葉にこめられているのだろう。

表3　アメリカのベスト企業家50人(姓のアルファベット順.

リーダー	会　社(業種)
マイク・アームストロング	AT&T(通信)
キャロル・バーツ	オートデスク(技術)
ハンス・ベクハラ	ディア(工業)
ゴードン・ベスーン	コンチネンタル航空(運輸)
ラリー・ボシディ	アライドシグナル(電機)
ジム・ブロードヘッド	FPL グループ(エネルギー)
スティーブ・ケース	アメリカ・オンライン(レジャー・娯楽)
ジョン・チェンバース	シスコシステムズ(技術)
マイケル・デル	デルコンピュータ(技術)
エリザベス・ドール	アメリカ赤十字社
ボブ・イートン	ダイムラークライスラー(自動車)
バーニー・エバーズ	MCI ワールドコム(通信)
マイケル・アイズナー	ウォルト・ディズニー(レジャー・娯楽)
ドン・フィッシャー	GAP(小売業)
ドン・ファイツ	キャタピラー(工業)
ビル・ゲイツ	マイクロソフト(技術)
ルイス・ガースナー	IBM(技術)
レイ・ギルマーティン	メルク(医薬品)
エース・グリーンバーグ	ベア・スターンズ(金融サービス)
ハンク・グリーンバーグ	AIG(金融サービス)
アンディ・グローブ	インテル(技術)
チャールズ・ハイムボルド	ブリストル・マイヤーズ・スクイブ(医薬品)
マーサ・イングラム	イングラム(流通)
デービッド・ジョンソン	キャンベル・スープ(消費財)

「最高の指導者は人々にその存在を気づかせない。その次の指導者は人々に称賛され、それに次ぐ指導者は人々に恐れられ、最悪の指導者は人々に憎まれる。最高の指導者が事業を達成したとき、人々は『われわれがやった』という」。

3　最重要課題としての「戦略的意思決定」

究極の機能は「意思決定」

経営者は何をする人なのか。これまで役割と機能に関する学説や調査結果などを通して優れた経営者に共通する特徴を見てきたが、これらの経営者機能(executive function)をつきつめれば、「意思決定」機能に集約できると言ってよい。

つまり、「意思決定」こそが他のだれでもなく、経営者自身が自らの責任において毅然と行なうべき究極の役割に他ならない。しかも、最高経営責任者の決定すべき事柄は経営上の最重要事項であり、その決定は企業の存亡を左右する重大な意味を持っている。

企業における意思決定を三つのカテゴリーに分類したのは、『企業戦略論』(広田寿亮訳、産業能率大学出版部、一九六五年)を著したH・I・アンゾフである。

その三つのカテゴリーとは、

①戦略的意思決定(strategic decisions)
②管理的意思決定(administrative decisions)

である。

③業務的意思決定(operating decisions)

戦略的意思決定とは、事業変革・再編・転換、新規事業への進出・参入、買収、合併、統合、撤退、提携・合併からの離脱、組織変革、社内の意識改革等々、その範囲は多岐に及ぶが、経営における最高次のレベルの事項に関する意思決定である。それらはいずれも経営の基本方針、理念、価値観にかかわってくるものであり、トップマネジメントによってなされるべき意思決定である。

管理的意思決定とは、所与の基本的な経営方針のもとで、解決すべき経営管理上の諸問題に関して、適切かつ有効な解決策を選択するための意思決定であり、トップレベルによってなされる管理的決定もあり得るが、主として中間管理層レベルの扱うべき領域と考えてよいだろう。

業務的意思決定とは、まさに日常的なマネジメント上の問題について管理的な判断にもとづいてなされるべき意思決定であって、能率の最大化や日常的な収益性、組織や人間関係などの人的資源の効率的活用など、管理上の諸問題が扱われることになる。

企業経営の目的が、企業を長期的に維持・発展させることにあるのは論をまたないが、そのために必要なのが利潤であり、それは長期的には経営者の経営施策上の意思決定に依存していることは言うまでもないのである。

戦略的意思決定と経営者

A・D・チャンドラーは、経営者による意思決定を「戦略的意思決定(strategic decisions)」と「戦術的意思決定(tactical decisions)」の二つのカテゴリーに分類しているが、経営者に課せられた究極の課題としての「戦略的意思決定」の本質をここで明らかにしておきたい。

「戦術的」意思決定が、与えられた問題に対して正しい答えを出し、所与の問題を解決するための「問題解決指向」型であるのに対し、「戦略的」意思決定は、問題は与えられておらず、問題そのものを自らつくり出す「問題形成指向」であるところにその本質があると考えられる。P・F・ドラッカーも初期の著書『現代の経営(下)』(上田惇生訳、ダイヤモンド社、一九九六年)のなかで「戦略的な意思決定においては、重要かつ複雑な仕事は、正しい答えを見つけることではない。それは正しい問いを探すことである」と言っている。

優れた経営者が何ゆえに「問題形成指向」でありうるかを考えると、そこに「戦略的意思決定」を可能にする最大の根拠を見出すことができるであろう。

まず、そこには当事者のみに意識された危機意識が存在するという点である。現状のままでは衰退しかあり得ない。今ここで現状を否定し、新たな方向に向かって何か施策に打って出なければ、わが社に明日はない。そういう危機意識からあらゆる可能性を追い求めて初めて「先見性」が生み出されるのである。

しかし、先が読めるわけではない。むしろ、不透明かつあいまいさに満ちた状況のなかで、あえてリスクテイキングな決断に自らを追い込むのである。

戦略的意思決定は、現状に安住しない現状否定的な不安定さのなかで行なわれることが多い。そのなかで変化を自らつくり出すことによって、結果として変化を先取りし、イノベーションを可能にするのである。それは決して生易しいことではなく、自らの全存在と経営者生命を賭けた闘いというべきであろう。そこには意思決定者自身の哲学や信念、あるいは人生観が反映されるものである。

意思決定というよりも「決断」という表現が、よりふさわしいかもしれない。つまり、先見性にもとづく合理的な判断などではなく、執念に突き動かされた、いわば経営者生命を賭けた勝負と言ってもよい。あのときのあの「決断」がなければ、今日のわが社はなかったと言われるような長期的な企業の存亡を左右する経営的な「決断」なのである。

戦略的意思決定という役割は、他のだれでもなく、トップのみに課せられた究極の機能と言ってよい。これを果たせるか否かは、トップ自身の見識や情報力、創造的革新能力、さらには覚悟や胆力等が試されるのである。

ヤマト運輸前会長・小倉昌男が、父親である創業者・小倉康臣から受け継いだ配送業を当時の業界ではその採算性にだれもが疑問を抱いていた宅配便事業へと転換した決断は、まさに変化を先取りした戦略的意思決定であった。そこには旧来の事業から宅配便事業への挑戦という明確な事業ビジョンがあり、この挑戦に失敗すれば明日はないというリスクを伴っていたはずである。

本来、企業の創業や起業は〝戦略的〟であることを要件とすることが多く、したがって、創業者企業には戦略的意思決定の事例を見出しやすい。しかし、経営者企業において経営を継承した専門経営者は、白紙の上に自らの構想を描く立場にはない。従来の路線を引き継ぐことに終始する専門経営者も少なくないが、低迷する衰退企業を蘇らせた〝中興の祖〟とされる専門経営者は、その再建の過程で必ず自らの進退を賭けた戦略的意思決定を成就させているはずである。

アサヒビールの復活劇における当時の社長・村井勉や樋口広太郎は、両者とも住友銀行から送り込まれた専門経営者であったが、村井は東洋工業(現マツダ)を見事に再建させた手腕を買われての社長就任であった。当時、アサヒはキリンに業界一位の座を譲って二八年目、シェアがついに一〇パーセント以下にまで下落した最悪の状況にあった。村井の戦略的意思決定は、「こんな大きな会社が潰れるわけはない」というような危機意識の全く感じられない社員の意識改革に着手したことにある。

そして、そのあとやはり住友銀行からやってきた樋口がアサヒの「復活」を決定づけた戦略的意思決定は、「スーパードライ」の発売の前に業界に前例のない古いビールの回収を決断し、さらに生産能力を一挙に五倍増強する設備投資を巨額の資金を調達して断行したところにあるとされている。

ＩＢＭを危機的状況から立ち直らせたＣＥＯ、ルイス・ガースナーが一九九三年にＣＥＯに就任する以前のＩＢＭは、ＡＴ＆Ｔ(アメリカ電話電信会社)と同様にばらばらに解体される寸前だった。ガースナーはまず組織の建て直しに成功し、続いて事業の方向転換を打ち出しサービス部門の売り上げを全体の二五パーセントにまで引き上げ、巨人ＩＢＭの復活を現実のものとしたのである。

創業家との対立を乗り越えてコンパックコンピュータの買収を実現したヒューレット・パッカード社のＣＥＯ、カーリー・フィオリーナなども、大企業再建における専門経営者の戦略的意思決定の好事例と言えよう。

4　コーポレートガバナンスと経営者

米国型と日本型

近年、わが国においても「コーポレートガバナンス(企業統治)」への関心が急速に高まっている。ガバナンスとは、本来、株主による経営執行の監視・監督・統制を意味し、そのガバナンス機能を担うのは、株主の代理人としての「取締役会」である。

日本コーポレート・ガバナンスフォーラムのコーポレート・ガバナンス原則策定委員会による「企業統治」の定義は次の通りである。

「企業統治とは、統治の権利を有する株主の代理人として選ばれた取締役が構成する取締役会が経営方針、戦略についての意思決定を行なうとともに、経営者がヒト、モノ、カネ等の経営資源を用いて行なう企業の経営(マネジメント)を監督する行為である」。

実際、米国においては、このガバナンスの考え方がその字義通り機能しているとされる。つまり、株主の意向を反映する独立の「社外取締役」を中心として取締役会が構成され、取締役会が株主の代理人として経営者をコントロールするガバナンス機能を担っている姿が通常のものとなっているのである。

米国においては、コーポレートガバナンスにとって社外取締役は不可欠の存在である。一九九六年から九八年までの間、デュポンの社外取締役を務めた渡邊五郎(元三井化学会長)によれば、当時一九人の取締役のうち一四人が社外取締役であったという。また一九九七年、コンパックコンピュータのCEO、エッカード・ファイファーが、株主代表である取締役会会長ベンジャミン・ローゼンによって突然解任されるという事態が起きたが、これはまさに株主の代理人である取締役会による経営の執行に対するガバナンス機能の行使に他ならない。

しかし、わが国においては取締役会において突然解任動議が出された例はあっても、株主の代理人としての取締役会会長によるトップの交代人事は考えられない。

わが国においても、形式的には、株主総会によって取締役が選任される仕組みになっているが、その取締役は米国型のように経営執行の監督(ガバナンス)機能を担当するのではなく、経営の執行(マネジメント)機能を担当する。つまり、マネジメント機能を担う業務執行者が「取締役」を兼ね、取締役会を構成しているのである。したがって、「取締役会」が経営者の業務執行を監督するガバナンス機能を担うという米国型にはなっておらず、ガバナンス機能の仕組みがあいまいにならざるを得ないのが実態である。形式的に「監査役」にガバナンス機能を期待する制度をとっているともいえるが、その監査役は取締役退任後のポストになっているのが通例で、ガバナンス機能とはほとんど無関係と言わざるを得ない。

さらに、「社外取締役」に期待できるかというと、これまた否定的な見方が強い。それは、経営の実情に精通しているとは言えない「社外取締役」がボードメンバーに加わっても何ら役割を果たし得ない、という認識がわが国では支配的になっているからである。

執行役員制度の普及

こうしたわが国の役員制度を背景に、一九九七年六月にソニーが組織制度改革のなかで初めて「執行役員制度」を導入したのを契機に、導入企業が相次ぎ、すでにその数は六割を超える企業に達しているとされる(二〇〇二年、日本経済新聞社による主要企業三〇〇社を対象とする調査)。

この制度導入のもともとの狙いは、商法上の取締役と経営業務の執行を請け負う執行役員を分け、それぞれの役割分担を明確にするところにある。すなわち、商法上の取締役はこれまであいまいであった経営執行の監督(ガバナンス)機能を担い、一方、執行役員は代表取締役から権限委譲を受けて経営の執行(マネジメント)機能を担う、という役割分担である。

しかし、こうした執行役員制度の狙いが果たして実効をあげているかというと、はなはだ疑問とせざるを得ない。つまり、形の上で商法上の取締役と業務執行を請け負う執行役員を分けても、実際には、取締役会がガバナンス機能を独立的に担うものとはなり得ず、単に取締役の数を減らすリストラ策に過ぎないというケースがあることも否定できない。

わが国においてガバナンス機能に実効があがらない理由は、そもそもガバナンスという考え方の上で欧米との間に相違があるからである。つまり、わが国ではガバナンスを「株主による経営執行の監督」のみとは単純にとらえられていないわけで、株主の利益の最大化がすべてではないのである。したがって、その基本的な考え方が変わらない限り、いくら「執行役員制度」を導入しても、「取締役」が株主の代理人として経営の執行から離れてガバナンスの役割に徹する構造にはならない。

多くの日本企業では、取締役会会長(議長)としての代表取締役も、株主の代理人として経営の執行を監督する以前に、自らが経営執行の最高責任者(最高経営執行役員)という役割を担っているのが通常の姿なのである。

米国型ガバナンスの導入

二〇〇三年に成立した改正商法によって、ガバナンスに関連するわが国の役員制度改革に新たな動きが出てきた。つまり、「社外取締役」を中心に執行と監督の機能を分離する米国型のガバナンス体制を選択することが、制度上、可能になったのである。

この米国型の取締役制度は、「委員会等設置会社」と呼ばれるが、こちらを選択した企業は従来の監査役が不要になり、少数の執行役員(執行役)による機動的な業務執行が可能になるとされている。「執行役」が初めて設けられ、「取締役」はあくまでも監督機能を担うものと規定され、制度上は米国型のガバナンス体制をとりうるようにしたのである。この場合は、監査役を置く必要はなくなり、その代わり、社外取締役が半数を占める監査、指名、報酬の三つの委員会を設置することが義務付けられる。

しかし、現実には「社外取締役」に適任者を選ぶのは必ずしも容易なことではない。改正商法では、社外取締役について以下のように規定している。①当該企業の業務執行をしないこと、②過去に当該企業または子会社の業務に携わった取締役や従業員ではないこと——という二つの条件を満たさなければならない、と。

改正商法が施行されて以降の企業の動向をみると、新たに「委員会等設置会社」に移行した企業よりも、従来型の監査役制度を選択した企業の方が多いのが実態である(日本コーポレート・ガバナンス研究所『企業統治調査』二〇〇三年)。

このような状況のなかで社外取締役の導入を評価せず、従来通りに「取締役会」が経営の執行というマネジメント機能を担うとともに、その監督・統制というガバナンス機能も日本型の役員制度を中心に自律的に果たそうとしているのがキヤノンである。コーポレートガバナンスの観点からも、日本的な経営の強さに自信を示しているキヤノンの姿勢に注目したい。

第三章　経営者に求められる能力

経営者に求められる「機能」を前章で考察してきたが、では、これらの機能を遂行するために必要な「能力」とは何か。それを明らかにするのが本章のテーマである。

第二次大戦後、半世紀以上の長きにわたってわが国の企業経営者に多大な影響を与え続けてきたP・F・ドラッカーは、九五歳を迎えた今日においてもなお未来を見据えた著作活動を精力的に続けている。バブル崩壊後のわが国経済がかつて経験しなかったほどの苦境に喘いだ九〇年代においてもわが国経営者にエールを送り続けてきたが、このドラッカーが経営者に求められる能力について、かつて次のように述べたことがある。

「私がかつてお目にかかった効果的な経営者というものは、その資質や才能、またなす事柄、方法において、またかれらの性格、知識、興味において――つまり一個の人間を区別するほとんどあらゆる側面において――まことに千差万別であったといえる」(前出『経営者の条件』)。

望ましい効果的な経営者の能力というのは、何か普遍的な形で答が用意されるものではなく、その時々の状況や事情によって異なった対応が求められるという含意であろう。これは何も経営者能力に限ったことではないが、何事も、コンティンジェント(contingent)な、つまり偶発的な条件との関連を考慮に入れたアプローチが必要ということであろう。

1　企業家的能力と管理者的能力

求められる能力が状況に応じて異なってくるとすると、一つのアプローチとして、第一章で分類した「オーナー経営者」と「サラリーマン経営者」という枠組みにしたがって考察することには意味があるだろう。

経営者には、「企業家的能力」と「管理者的能力」という二種類の能力が求められるとされるが、オーナー経営者とサラリーマン経営者を比較すると、前者により特徴的な能力が「企業家的能力」であり、後者により適合的な能力が「管理者的能力」である。

企業家精神と事業家的才覚

所有経営者(オーナー経営者)には、自ら事業を起こした「起業家」や「創業者」が多く、サラリーマン経営者が組織の要請を背景に周囲に推されて経営者に昇進していく場合と違って、オーナー経営者は自らの意志で経営者になると前にも述べたが、そうなるとオーナー経営者は「経営者」である前に「企業家」であることが必要ということになる。

企業家であるためには、まず具体的に何らかの事業を自ら起こすという内発的動機がなければならない。

ブリヂストンの創業者・石橋正二郎《しょうじろう》は、もともとは福岡県久留米市で兄・石橋徳次郎とともに足袋製造業を営み、ゴム底の地下足袋の生産で画期的な成功を収めた後、自動車タイヤの製造に乗り出すことを決意したのであったが、「足袋製造で立派な業績をあげているのだから、何も危険な事業に出て苦労をすることはない」とする兄・徳次郎の強い反対があったとされる。正二郎は周囲のあらゆる反対を押し切って自分の意志を貫いてタイヤ製造に乗り出したのである。

このように止むに止まれぬ強烈な動機で自分の意志を貫いた起業家の例は枚挙に暇がないが、こうした「事業意欲」の存在は創業経営者の成功を支える中核的要因と考えてよいだろう。石橋正二郎が自動車タイヤ製造への進出を決意したころ、欧米においては自動車タイヤがゴム工業の主力製品となりつつあり、正二郎には、今後一層増加するであろう自動車タイヤの輸入を防ぎたいという国家的使命感があったと言われるが、これなどは単なる事業意欲に加えて使命感を伴う「企業家精神」が事業家を駆り立てる動因となることをうかがわせる。自ら変化を求め、新たな可能性に果敢に挑戦する進取の精神ということもできる。

経営者に求められる「企業家的能力」の根幹をなす要因として、「企業家精神」に支えられた旺盛な事業意欲と時代の先を読む知恵としての「事業家的才覚」は欠かすことのできないものといえるが、この能力は、オーナー経営者を特徴づける要素と考えてよいだろう。

管理者精神と経営管理能力

一方、階層的組織に適応し、組織依存の過程を経て管理階層を昇進する専門経営者(サラリーマン経営者)は、事業家的能力よりは、管理者的スキルを要求される立場にある。かれらは与えられた組織事情のなかで、社内ネットワークを通じて事業現場や実務に精通しながら、手順を踏み、組織的にものごとを推し進めていく「管理者精神」を身につけていくのである。組織機構に依存しているので、意思決定も合議制を重視する傾向があり、関係部署間のバランスに配慮しながら調整的リーダーシップを習得していく。優れた専門経営者は、事業家的才覚はなくても、組織的・合理的な「管理能力」において明らかな優位性を示すようになるのである。

オーナー経営者を支えた有能な経営参謀には、このような「管理者的能力」に優れた専門経営者が多い。たとえば、オーナー・松下幸之助の名参謀役として知られる高橋荒太郎や本田宗一郎の名パートナーであった藤沢武夫などは、その好例であろう。一般的にみてオーナー経営者のもとで重用される専門経営者にはマネジメント能力において有能なスタッフ型の管理者が多いのだが、ワンマン型の所有経営者は事業構想の構築においては自らのアイディアで十分であって、自らの描いた構想を実現するための管理者的能力を備えたスタッフを周囲に配することを好むものである。だが、創業型のオーナー経営者のもとにいる専門経営者には、オーナーの意を体して組織を支えるスタッフ型の経営者が多い一方で、企業家的才能にはあまり縁がない一面もあり、事業改革を必要とする状況下では「変革推進」型の経営者としての期待に応えられない場合が多い。

連続的緊張と不連続的緊張

「企業家的能力」は、自ら変化を求め、新たな可能性に果敢に挑戦する問題形成能力に裏打ちされたものといえる。この能力は、現状に安住することなく、リスクテイクを恐れずに「枠を壊してオプティマム(最適条件)を求める能力」と考えられる。すなわち、一定の枠のなかで与えられた課題に対する解決策を追求する問題解決型の能力ではなく、所与の構造にとらわれずに飛躍的に新たな状況を自らつくり出す洞察的・創造的能力である。

これに対し、「管理者的能力」は、与えられた状況のなかで最適解を求める問題解決型の適応能力であり、あらゆる情報を駆使しながらまさに組織的・合理的に課題に適切に対処するアプローチである。当然、組織全体のバランスや関連部署間の利害を調整する配慮も必要とされるが、そこに求められるのは「一定の枠のなかでオプティマムを求める能力」ということになる。

新たな事業がつくり出されるとき、その成否は確かな確率で保証された状況にはなく、将来に対する見通しはあくまでも不透明かつあいまいであることが多い。過去の成功の延長線上に新しいものを生み出すことはできない。過去の成功を自己否定し、自らを追い詰めた状況のなかで、これまでにはなかった何かをつくり出す能力とは「不連続的な緊張を自らつくり出す能力」である。

一方、管理者的問題解決に有効な能力は、十分な情報収集能力と客観的で透明な判断力であり、複雑な要因に囲まれたなかでも混乱することなく「連続的な緊張に耐えうる能力」ということができる。

戦略的意思決定につながる能力

企業家的能力は、事業を創造する「企業者的決定(entrepreneurial decision)」を可能にする能力である。前章で究極の経営者機能として位置づけた「戦略的意思決定」を「企業者的決定」と言い換えることもできるのである。

経営者に求められる能力を考えるにあたって、この経営者の究極の機能としての「戦略的意思決定」にかかわる能力について、ここでまとめておこう。

経営者に戦略的意思決定が期待される状況は、当該企業にとってある種クリティカルな局面であり、企業の存亡を左右する岐路に立たされている危機的な場面といってよい。先に向かって不透明な事態であり、まさに「不確実な明日に向かって、いま何をなすべきか」を決断すべき状況と考えられる。

ここでは、戦略的意思決定にかかわる主要な要件を五つに絞り、これらの要件との関係で求められる能力とは何かについて考えてみよう。

第一の要件は、「問題形成指向」でなければならない、という点である。不透明な状況下で「何が最も本質的な問題なのか」を自ら設定できなければならない。つまり、自ら問題(課題)をつくり出す能力が、最も重要な能力ということになろう。これには「先を見る」能力、洞力、あるいは「危機感知能力」などが必要となるが、さらには「これから先をこうしたい」という自分の強い意志がなければならない。この「意志的」であることは明確な目標指向性と言い換えることができるが、目標指向性が状況の意味形成につながり、「問題形成」へと発展するのである。

第二の要件は、「現状改革指向」である。現状に安住するところに改革はなく、現状に対する当事者のみに意識された危機意識が現状否定へとつながる。そして、新たな方向性を示すビジョンのもとに強烈な価値指向がなければならない。こうした要件に必要な能力としては、問題認識力、危険を冒す能力、革新的発想力などがあげられよう。

第三の要件は、「具現化指向」という点である。新たなビジョンを実現する具体的なシナリオが明示されなければ、組織を新しい方向へと駆り立てる戦略的意思決定とはならない。単なる夢やロマンに終わらず、具体的な方法・手順が語られることが必要なのだが、これらに関連した能力とは、事業者的知恵ともいうべき計画策定や説得力などを含む具現化能力であろう。

第四の要件は、「リスクテイキング指向」である。状況は不透明かつあいまいで、結果の成否に対する見通しは不確実と言わざるを得ないなかでの意思決定であり、あえて危険を冒した、自らの全存在を賭けた決断なのである。リスクを覚悟で行なう「決断」は「頭」による判断とは違って、自分のすべてを賭けて「腹」で行なう意思決定であり、ここで求められるのが「胆力」と言われるものである。

第五の要件は、「哲学・信念」の存在である。自らのなかに座標軸となる確固たる信念がなければ、さまざまな抵抗にも屈しない強い意志を持つことはできないであろう。自らの経営者生命を賭けるほどのバックボーンとなる「信念」があって初めて不退転の決意が生まれる。これはいわば全人格的な能力と言ってよいであろう。

2　トップマネジメントに必要なスキル

三つのスキル

経営者に必要なスキルを

・概念的スキル(conceptual skill)
・対人的スキル(human skill)
・実務的スキル(technical skill)

の三つに分けたのは、R・L・カッツである。カッツが「効果的な経営管理者のスキル」という著名な論文を『ハーバード・ビジネス・レビュー』誌に発表したのは一九五五年のことだから、今から半世紀を遡る時代のことになるが、この考え方の枠組みは今日においても十分価値

表4　管理階層と三つのスキル

	〈概念的スキル〉	〈対人的スキル〉	〈実務的スキル〉
トップ	最も重要	比較的重要	あまり重要でない
ミドル	重　要	かなり重要	さほど重要でない
ロアー	あまり重要でない	極めて重要	極めて重要

(Robert L. Katz, *Skills of an Effective Administrator*, H. B. R. 1955 Jan.–Feb.)

のあるものと言ってよい。

「概念的スキル」とは、経営理念や事業哲学の構築、将来構想の策定、ビジョンの構築に深くかかわるスキルであり、戦略的発想力や洞察力を必要とする高度なスキルである。

「対人的スキル」とは、対人関係を中心に組織における人間的な影響力にかかわるスキルであり、共感能力、傾聴力、誠実さ、説得力、指導統率力を必要とするスキルである。

「実務的スキル」とは、具体的な実務課題を実際に解決するスキルであり、計数能力、情報収集力などの実務に直接かかわるスキルである。

カッツの提示した「三つのスキル」説の重要な点は、これら三つのスキルが、トップ(経営上層部)、ミドル(中間管理層)、ロアー(係長など)という三つの管理階層にとってそれぞれどの程度の意味合いを持つものであるかを明快に示したことにある。

表4に示されるように、トップマネジメントにとって最も重要なスキルは「概念的スキル」であり、「対人的スキル」は必要ではあるが、相対的にはさほどではなく、「実務的スキル」はあまり重要なものではないとされる。「概念的スキル」は、ビジョン構築や戦略形成にとって欠かすことのできないスキルであり、経営者に最重要な機能である意思決定に直結するスキルであることは異論のないところである。これに対して、「対人的スキル」の重要性は相対的には低いものとなり、「実務的スキル」にいたってはトップにとってはあまり重視されないということになる。

一方、ミドルマネジメントについてみると、三つのスキルの重要性の順序は、一番目が「対人的スキル」、二番目が「概念的スキル」、三番目が「実務的スキル」となり、ロアーマネジメントにとっては「実務的スキル」と「対人的スキル」がともに最も重要であるが、「概念的スキル」はあまり重要ではなくなるのである。

表5に、これら三つのスキルに関連する能力についてトップとミドルの両階層を比較して示した。トップにとってコンセプトワークがいかに重要かが明らかである一方、今日の企業経営においては、課題形成力や組織化力を備えたいわゆる「戦略的ミドル」が待望されていることも理解されるはずである。

表5　トップとミドルの要件比較

階層＼スキル	概念的スキル	対人的スキル	実務的スキル	その他
トップ	経営理念・哲学 ビジョン構築力 長期戦略形成力	人間的魅力 人間性 統率力	情報収集力 将来予測力	判断力 自己変革力 事業意欲
ミドル	課題形成力 組織化力	部下育成力 折衝力	問題解決力 実行力 情報収集力	

また、トップが人間的に信頼される存在であることが望まれるという意味で、「対人的スキル」の重要性も無視できないものといえよう。

四つの経営者能力

コンセプトワークが重要とされるトップマネジメントに求められる能力とは、一体どのようなものなのか。ここで、それについて分かりやすくまとめた枠組みの例を紹介しておこう。

これは、人事測定研究所(現HRR)が、経営者層に求められる能力を評価するための仕組みとして開発した「複数観察者による多面評価システム」が提示している明快な分類である。

まず、仕事の遂行にかかわる能力と対人・対組織の折衝にかかわる能力とに大別する。

前者が「仕事の能力」、後者が「協働の能力」である。

さらに「仕事の能力」は「課題形成力」と「課題遂行力」に分か

れ、「協働の能力」は「人材活用力」と「対人対応力」に分けられる。
「課題形成力」には、将来予測力、洞察力、戦略形成力、革新性
「課題遂行力」には、決断力、具体化能力、推進力、経営意識
「人材活用力」には、掌握力、統率力、方針指示力、度量
「対人対応力」には、積極的傾聴力、説得力、渉外力、倫理性
のそれぞれ四つの要素が含まれている。

ここに提示された経営上層部に求められる能力要素は、いわゆる「三六〇度評価システム」と呼ばれる複数観察者による評価システムの枠組みとなるものである。すなわち、一六の評価要素についての行動項目が作成されており、それらにもとづいて、上司、同僚、部下という当人をよく知る他者(複数観察者)によって評定が行なわれる仕組みである。この多面観察評価システムを取り入れる企業がわが国においても急速に増えつつあり、上司による上から下への評価としての人事考課制度の欠陥を補う制度として注目されている。

3 エグゼクティブ・リーダーシップ

心理学的研究の成果

リーダーシップとは、「統率力」あるいは「指導力」などと訳されることもあるが、必ずしも意を尽くせないので「リーダーシップ」のままで用いられることが多い。だが、あえて言い換えれば対人関係における「影響力」であり、組織あるいは集団の目標達成に向けて行使されることが期待される影響過程としてとらえられるものである。

「リーダーシップ」というテーマは、筆者の専門分野である組織心理学の主要な関心領域である。一九三〇年代から半世紀を超える「リーダーシップ」に関する膨大な心理学的研究を総括するのはいささか乱暴だが、多くの研究がリーダーシップ行動には二つの機能あるいは二つの因子が存在していること、すなわち「リーダーシップ行動の二大因子」の存在を認めている点で共通していると言ってよい。

要するに、組織においてリーダーが発揮すべき影響力は、二つの機能に集約されるという考え方である。すなわち、一つが組織の目標達成に向けて、メンバーに役割を割り当て、その遂行を指示・要望し、督励する機能であり、もう一つが、個々のメンバーの側に立ってその立場を理解かつ受容し、人間関係にも配慮し、集団の心理的基盤を維持する機能である。そして、この二つの機能においてともに優れたリーダーシップ・スタイルを望ましいリーダーのタイプとする考え方が、おおむね認められていると言えよう。

この二因子論は、リーダーシップに関する最初の実証的研究とされる一九五〇年代の米国オハイオ州立大学における因子分析的研究、一九六〇年代の米国ミシガン大学社会調査研究所・R・リッカートによる研究、わが国の九州大学集団力学研究所・三隅二不二《じゅうじ》教授(当時)によるPM論、さらにはR・R・ブレークとJ・S・ムートンによるマネジリアル・グリッドの考え方などにいずれも共通してみられる理論である。

一番目の機能は、オハイオ研究では「体制づくり」、ミシガン研究では「職務中心型」、PM論では「P(パフォーマンス)機能」、マネジリアル・グリッドでは「業績への関心」と呼ばれており、二番目の機能は、オハイオ研究では「配慮」、ミシガン研究では「従業員中心型」、PM論では「M(メインテナンス)機能」、マネジリアル・グリッドでは「人間への関心」と呼ばれている。

この二機能論に刺激されて、筆者らは、一九七〇年から七一年にかけてリーダーシップ行動をさらに具体的に記述・説明するための研究を、わが国企業の中間管理者を対象に行なった。その結果、四つの有意な因子を見出し、「リーダーシップ四機能論」を展開するに至ったのである。

この四機能とは、
「要望性」機能(目標達成に向けてメンバーの役割遂行を要望する機能)
「共感性」機能(メンバーの立場や気持ちに配慮し、支持を与える機能)
「通意性」機能(仕事や組織に関する必要な情報を十分に提供する機能)
「信頼性」機能(管理者としてメンバーから能力的・人間的に信頼される機能)
の四因子である。
「要望性」機能は、二因子論の「体制づくり」や「P機能」に一致しており、「共感性」機能は、「配慮」や「M機能」に一致しているが、これら二因子に「通意性」「信頼性」の二因子を加えることでリーダーシップ行動を過不足なく説明することが可能になったと考えている。
要するに、リーダーの発揮すべき対人的影響力は以上の四つの機能によって説明されるが、このいずれの機能も必要に応じて適宜、発揮されなければならないところにポイントがある。
「要望性」の高いリーダーは、厳しい上司であり、強いリーダーである。ときには恐れられる、怖い人である。
一方、「共感性」の高いリーダーは、温かい、思いやりのあるリーダーであり、やさしい、親しまれる上司ということになる。

「通意性」の高いリーダーは、気配りのある、頼りがいのあるリーダーであり、「信頼性」の高いリーダーは、能力のある、できる上司であり、部下から尊敬される人である。

四つの因子はお互いに独立的ではあるが、傾向としては「要望性」の高い、厳しい人は、「共感性」に難点があり、「共感性」の高い、思いやりのあるリーダーは、「要望性」に乏しい嫌いがある。しかし、考え方の上では、求められる理想のリーダー像は、両機能ともに高い、厳しさと温かさを併せ持つ、いわば万能のリーダーなのだということを示しているのである。

さて、この四機能論という考え方が、実際のあるべきリーダー行動に有用であることを示す言葉を紹介しよう。

これは、第二次世界大戦における日本海軍総司令長官であった山本五十六元帥が述べた有名な言葉である。山本は、人を動かす要諦として四つの行動を示しているが、それは、

「やってみせ
言って聞かせて
させてみせ
褒めてやらねば
人は動かじ」

という言葉に収められている。この四つの行動が、筆者らが因子分析的研究によって見出した四つの機能と見事に符合している。すなわち、

やってみせる　………信頼性機能
言って聞かせる………通意性機能
させてみせる　………要望性機能
褒めてやる　　………共感性機能

である。

これら四つの行動を相手に応じて、あるいは状況に応じてとり得ることが、組織におけるリーダーの役割として期待されているのである。

経営者に求められるリーダーシップ

以上に見た研究結果は、経営者のリーダーシップに対しても無関係とは言えないが、もっと直接的に経営者のリーダーシップ機能を掘り下げるべく、筆者らは、一九七五年にわが国における経営者のリーダーシップ行動について実証的な研究を行なった。

対象は主として大手企業の階層的組織の上層部を占める経営管理者なのだが、それらの管理

者が組織において期待されるリーダーシップ行動を調査し、その結果を因子分析したところ、六つの機能を見出したのである。筆者らはこれを「エグゼクティブ・リーダーシップ六機能」として次のように整理した。

すなわち、経営者に求められるリーダーシップ行動とは、次の六つの機能に集約される。

①識見・ビジョン——経営幹部としての識見にもとづき、自ら経営ビジョンを明確に打ち出し、先見性をもって事に臨むこと。

②事業意欲——経営幹部の事業意欲が企業を前進させる源泉であり、会社全体の業績の動向に常に気をかけ、自ら先頭に立って利益確保のために努めること。

③信望——自己をよく知り、周囲の意見に耳を傾け、基本的な信頼関係を社内外に醸成し、信頼と支持を集める存在になること。

④決断力——経営的視点からあらゆる問題の価値を判断し、的確な手を打つとともに、ときには思い切った決断ができること。

⑤指導統率力——社員を育成指導し、能力を十分に活用すべく、厳しい要望性とともに、部下の立場にも気を配ること。

⑥組織への影響力——社内全般にわたって経営情報に精通し、ヒト、モノ、カネの経営資

源を効果的に活用し、組織内で縦横に影響力を発揮すること。

以上のエグゼクティブ・リーダーシップ六機能は、それぞれ具体的な行動項目にまとめられており、一人ひとりの経営者について、そのリーダーシップ行動を測定することが可能になっている。その方式は「エグゼクティブ・リーダーシップ・サーベイ」と呼ばれるが、自己評価にとどまらず、部下や周囲の同僚などによる他者評価をも含む方式となっている。

このサーベイ結果を本人にフィードバックすることによって経営者のリーダーシップ育成を図る研修システムとして「エグゼクティブ・リーダーシップ開発プログラム(EDP)」がつくられている。

4　経営者に求められるコンピテンシー

「コンピテンシー」という概念

一九九〇年代半ば頃より、「コンピテンシー(competency)」という用語が急速にわが国の経営人事の世界に広がりはじめた。その意味合いは従来の「職務遂行能力」とほとんど変わるところがないと思われるものの、米国から輸入されたこの用語の普及の勢いは相当なものがある。そこで、本書においても、ここで、経営者能力について、この用語を用いて考えることにしたい。

この概念を最初にとりあげた提唱者の一人であるR・E・ボイヤチスは、「コンピテンシー」を「職務遂行の効果性と優秀性に関する根源的な個人差」と定義したが、手法的には、際立って高い業績を上げた人(high performer)と平均的な業績を上げるにとどまった人(average performer)との行動面での違いを徹底的に調査し、その要因を見出すことによって「コンピテンシー」の概念を明確化しようとしたのである。

達成動機の研究者としても高名なD・C・マックレランドも、「コンピテンシー」の提唱者の一人であるが、マックレランドによれば、「コンピテンシー」は次に示すように、六つの次元と一六の要素によって構成される。

(次　元)	(要　素)
目標達成	達成指向性　積極性
対人関係	他者理解力　顧客指向性
影響力	人脈構築力　説得力・影響力
マネジメント	管理・指示力　人材育成力　チームワーク　リーダーシップ

能力・スキル　分析・思考力　概念思考力
自己管理　自信　組織コミットメント　誠実性　柔軟性

マックレランドらの提唱を契機に、米国の人事コンサルティング機関(ヘイ・マックバー社、ウィリアム・マーサー社等)がそれぞれ類似の分析を試み、コンピテンシーの次元と要素をまとめているが、その間に決定的な違いは見られない。

要するにコンピテンシーの概念を要約すれば、「高い成果を生み出すために、行動として安定的に発揮されている一群の能力」ということになろう。

経営者能力としてのコンピテンシー

経営者に求められる能力を「コンピテンシー」の概念から解明することを目的に、筆者はさまざまなコンピテンシー概念に見られる次元と要素を分析して、経営者能力としてのコンピテンシーに関連する次ページに示す三〇の要素を取り出した。

この経営者能力に関連するコンピテンシーの三〇要素をもとに、経営者に求められる能力を明らかにすることを目的に作成したのが、表6の「コンピテンシー・テーブル」である。

戦略的発想力(革新的発想力)
現状改革力
ビジョン構築力(シナリオの書ける能力)
ビジョン表現力(ビジョン提示能力)
問題認識力
危機意識
洞察力
情報力(情報収集力)
マイナス情報収集力
事業意欲
意欲持続力
あいまいな状況に耐えうる能力
目標指向力
計画策定力
指示・説得力
折衝力(ハード・ネゴシエーター)
部下に刺激を与える能力
具体化能力
推進・実行力
決断力・胆力
非情な決断力
責任能力(最後まで逃げない責任性)
社外人脈力
社内発言力・影響力
指導統率力
自己変革力
人間的度量・信望・誠実さ
周囲から親しまれ信頼される能力
人間的魅力
共感能力・相手の痛みのわかる能力

表6　経営者に求められるコンピテンシー

スキル／機能	概念的スキル	対人的スキル	実務的スキル	その他
将来構想の構築 経営理念の明確化 方針の策定・明示 ビジョンの構築 創造的発想	革新的発想力 ビジョン構築力 ビジョン提示力 問題認識力 洞察力 目標指向力 具体化能力		情報力	事業意欲 責任能力 自己変革力 現状改革力
戦略的意思決定 課題形成 イノベーション 戦略的発想 決断	戦略的発想力 決断力・胆力 問題認識力 洞察力 課題形成力 創造的革新能力	折衝力 具体化能力	情報力	現状改革意欲 危機意識 責任能力 非情な決断力
執行管理 情報管理 指示・統率 計画・実行 判断・調整	計画策定力 社内発言力	指導統率力 折衝力 部下に刺激を与える能力 推進・実行力 社外人脈力 指示・説得力 人間的度量 共感能力	マイナス情報収集力 計画策定力	意欲持続力 あいまいな状況に耐えうる能力 責任能力 人間的魅力

このコンピテンシー・テーブルは、横軸に経営者に求められる三つのスキル、すなわち、「概念的スキル」「対人的スキル」「実務的スキル」と「その他」を、縦軸に経営者の三つの基本的職能、すなわち、「将来構想の構築」「戦略的意思決定」「執行管理」の欄を設けて、これらが交差する一二の領域を設定したものである。

このテーブルのそれぞれの領域に、三〇の要素を当てはめてみると、まず、概念的スキルと将来構想の構築が交差する領域に革新的発想力、ビジョン構築力、問題認識力、洞察力など、かなりのコンピテンシー要素が該当していることが明らかである。さらに、概念的スキルと戦略的意思決定の交差する領域にも戦略的発想力、決断力・胆力、課題形成力など該当する要素がかなり多く含まれている。この分類の結果をまとめた表6を見れば、経営者にとって重要なコンピテンシー要素が、概念的スキルに集中していることが一目瞭然であり、その経営者機能は「将来構想の構築」および「戦略的意思決定」に関連が深いことも直ちに理解されるのである。

第四章　日本的組織と経営者

1　専門経営者への昇進

他者から選ばれる専門経営者

今日においては「取締役」の価値は相対的に下落してきたと言わざるを得ない。たとえば、所得という点についても、経営者の巨額報酬が批判の対象となるのは海外での話であって、わが国においては、給与所得者としての役員層と一般社員層との所得格差は縮小しており、経営者は必ずしも抜きん出たポストではなくなっている。

ちなみに米国での事情であるが、サラリーマン経営者（とくにＣＥＯ）が雇用契約において退任時の巨額の退職金やボーナスの支払いを約束される特記事項が盛り込まれるケースが目立って増えているという。一九八〇年には、生産労働者の平均報酬の四〇倍であったトップの報酬が、一九九〇年には八〇倍に膨らみ、それが二〇〇〇年には四〇〇倍になっていると報じられている（『日経ビジネス』二〇〇三年一〇月二七日号）。しかし、わが国では高額所得者に名を連ねるのはオーナー経営者ばかりで、サラリーマン経営者の報酬は学卒初任給のせいぜい三〇倍程度である。また、人事制度上も複線型昇進制度の普及で、管理職層の階段を昇らなくても、処遇上は必ずしも不利にならない状況もできつつある。

しかし、「取締役」あるいは「執行役員」というポストが企業組織のトップマネジメントという重責を担う立場にあることに変わりはなく、企業経営上のその役割の重要性は不変のはずである。したがって、そのポストに適任者を得るか否かは、企業の経営能力に重大な影響を及ぼし、企業の命運を左右することに変わりはないのである。

起業家や創業経営者は、だれかに選ばれるのではなく、自らの意志で経営者になるのに対して、組織のなかで階層を昇り、専門経営者として役員に昇進していく「サラリーマン経営者」は組織によって選ばれることはすでに述べてきた。そして、これまでのわが国の企業におけるトップマネジメントとしての役員の選任は、上層部からの信任をベースに行なわれるのが通例であった。これが内部昇進の一般的なメカニズムであり、そのフィルターをくぐりぬけた人たちがトップ層を構成してきたのである。

〝オレは取締役になるぞ〟と野望をむき出しにしている人もいるが、日本の企業組織では、そういう人はいわゆる〝人望〟がないという理由で往々にして組織からははじき出されることが多いのである。このような人たちは、才能があるのなら、むしろ自ら事業を起こして自ら経営者になる方が向いているのかもしれない。

専門経営者は、初級から中級、上級へと何段階かの組織的選別を経て、生き残った人たちである。その昇進の過程で、「部長」までの選別基準と「取締役」(あるいは「執行役員」)へと昇進する選別基準との間には、質的に異なるフィルターがかけられるとされているが、それはいかなるメカニズムなのか——。実は、そこに日本的経営組織の特質が見えてくるのである。

役員選任の基準

企業において実際に「役員(取締役、執行役員)」になれる人となれない人、あるいは昇進できる人とできない人との間にどんな違いがみられるのだろうか。役員選任の任命権者である現職の企業トップを対象に行なわれた「取締役の選び方」についての調査(『月刊経営塾』一九八九年八月〜九〇年一〇月)の結果を見てみよう。やや時間は経っているが、わが国企業における役員選任の極めて本質的な考え方を探る資料としては貴重な内容を含んでいると思われる。

これは、調査当時、社長、会長あるいは相談役という立場にあったトップを対象に、取締役を選ぶ際に、いかなる視点を重視するか、何を求めるか、どういう人物が望ましいか、どういう人物はふさわしくないかを聞き出した調査である。

調査結果を整理すると、次の六つのポイントに集約することができる。

① 責任能力

多くの企業トップが共通してあげているのが「責任能力」である。たとえば、宮崎輝《かがやき》(当時、旭化成会長)は、「難しい仕事だと要領よく逃げる人がいるが、こういう人を取締役にしてはいけない」と言っている。平岩外四《がいし》(当時、東京電力会長)も「どんな仕事にも逃げないで責任をとる人でなければ役員には推せない。第三者みたいに批判している人、仕事を逃げる人はダメ」と言う。今村一輔(当時、小野田セメント社長)は「盾になってくれる人がよい。〝それはあの人に言ったんですが〟などと仕事を逃げたり、上に責任を押しつけたりする人は取締役にできない」という言い方をしている。上に立つ者が基本的に自覚すべき要件として、この「責任能力」はいくら強調してもしすぎることはないものといえよう。

② シナリオの書ける能力

「明日に向かってシナリオの書ける人」と言っているのは山本卓眞(当時、富士通会長)である。まさに、コンセプチュアル(概念的)・スキルであって、レールを敷く人とレールの上を走る人がいるが、「少々くせのある人でも、レールを敷く人、つくる人を大切にしなくてはいけない」という安藤太郎(当時、住友不動産会長)の意見も共通している。企業の向かうべき方向とビジョンを提示するだけでなく、そこに到達する道筋も示す必要がある。商品開発にせよ、市場開拓にせよ、具体的な戦略を各論レベルで描くことが重要であって、これを他人まかせにするのではなく自ら具体的な展開を描ける人が望ましいという指摘である。これが課題形成力というものだろう。

③ 業績貢献度

取締役を選ぶのに「業績貢献度が一番、自分の担当している事業が確実に貢献したということが大事」というのは伊藤淳二(当時、鐘紡会長)であり、「運、不運はあるが、負け将軍を長にしてはいけない」とも言っている。「負け将軍の下では部下が確信をもって仕事ができない」というのがその理由であるが、そういう人は、最高指揮官にするのではなく、サブリーダーかスタッフという役回りがふさわしいということである。心理学的にも含蓄のある卓見であろう。鐘紡のカリスマ経営は破綻し、伊藤に対するバッシングは頂点に達した感があるが、当時のその識見の価値に変わりはないとみるべきである。

④ アグレッシブネス

これは事業意欲や目標指向性が、周囲に伝わってくる陽気さやバイタリティとも結びつくが、「つねにアグレッシブであること」をあげるのは宮崎輝である。同時に、「自らやろうとする行動力」や「ここと信じたら絶対にあとに引かないハード・ネゴシエーターであること」も重要な要件として指摘している。強力な「交渉と実行力」(安藤太郎)には、不利な事態にも負け犬とならず「難局に当たって逃げない」(後藤康男・当時、安田火災海上保険会長)心理的タフネスが求められているのである。

⑤　視野の広さ・自己革新能力

情報化、国際化が急速にすすむ企業環境は「国際的な視点から事業を見直す幅広い勉強」(宮崎輝)が求められ、「全体の見える人。要するに自分の仕事しか考えない人はダメ」(同上)ということになる。そして、「専門家というのは取締役にしないで、そちらの方の権威者として遇する方がよい」と言うのが、小林庄一郎(当時、関西電力社長)であり、「大変秀才で自説を少しも曲げない人、自説ばかりに固執する人はダメ」というのがその理由である。専門能力をどう処遇するかという問題とも結びつくが、昇進系列を複線化の方向に変革する考え方と同様に、専門家としての能力と経営を預かる能力とはよく見極めて人事に当たるべきであろう。

さらに、「技術者というのは最後までピュアな技術者である人と、途中からマネジメントに興味を持つ人の二通りに分かれる。ピュアな面の技術者というのはその面を評価して(役員にしないで)役員と同じような待遇をする」との土方武(当時、住友化学工業会長)の意見は正鵠を得たものと言えるが、一方、わが国企業のトップマネジメントのなかに経営的感覚に優れた技術畑出身の名経営者を見出すのはさほど困難なことではないのである。

⑥ 人望・人間性

業績貢献度やアグレッシブネスが、経営者として組織を駆動させる原動力となることは確かであるが、「役員になる前は業績本位に会社への貢献度をみて昇進人事をすめる」が、「役員にする場合は業績だけではダメ、全社員から人間的に尊敬されないといけない」という藤森鐵雄(当時、第一勧業銀行相談役)の指摘は、わが国の組織管理型経営者の大方の意見を代表していると思われる。「役員に選ぼうとする人たちは能力的にはみんなほとんど同じだ。生まれながらにして持っているもの、人間性みたいなものがキメ手になる」と言うのは中山善郎(当時、コスモ石油会長)の意見だが、「役員にしようと決めたら三年間はじっくりその人の仕事ぶりを見る。穏やかな人柄、卓越したバランス感覚というのは役員にとっては必要な資質」(宮崎輝)とされるのである。

同趣旨の意見は、「仕事ができるとかできないとか言われるが、何ごとも最後は〝人間〟ということになる。人格的な触れ合いのなかからこそ、人間同士の信頼感が生まれてくる」(土方武)、「最も大切なことは私欲がないこと、器の大きいこと」(川勝堅二・当時、三和銀行会長)、

「器量と人徳、これは書くこともできないし、非常に難しいが、取締役にするかどうかはこれが決め手のように思える」（福原義春・当時、資生堂社長）のように数多く見られる。

人の上に立ち、組織の上層部で役割を担う専門経営者は「部下の言うことを真面目に聞き、部下に腕をふるわせる人、周りの人の協力を得られる人、支持が得られる人」（山本卓眞）でなければならないのである。

才覚と器量

取締役に推される人はいかなる要件を備えた人か、人事の任命権者たる企業トップが考える選別基準をトップへの面接調査からみてきたが、その結果から読みとることのできた六つの要件をさらにまとめれば、「才覚」と「器量」という二点に集約することができる。

「取締役に選ぶまでは入社年次を非常に大事にする。部長になるまでは仕事をよくやる才覚というものが大きなウェイトを占める。しかし、そのあと取締役にするかしないかは、器量というか、器が大事になってくる」とは平岩外四の言葉である。「部下が失敗をしたとき、間違っているとき、相手のミスとして指摘するのか、仕事をやりやすくするために相手の人間を配慮して指摘するのか、後者が器量というものだ」と続けている。

六つの要件のうち、「シナリオの書ける能力」「業績貢献度」「アグレッシブネス」「視野の広さ・自己革新能力」は明らかに「才覚」につながる資質であり、「人望・人間性」は「器量」そのものであろう。そして、「責任能力」は「才覚」の上に倫理観や意志力を伴ったものであろう。これは「器量」にもつながる資質である。

この「才覚」と「器量」という二つの資質は、企業人としての能力評価の二大次元と考えることができる。これは、「仕事の能力」と「人間的能力」と言い換えることも可能である。前者は、仕事に対する適性と能力、すなわち、仕事ができるかできないかという、才能、能力、有能性という次元である。一方、後者は、対人的な適応能力、人間関係能力であり、対人的な責任能力と言ってよい。

経営心理学者の山田雄一(明治大学前学長)は、この前者の「才覚」に通じる何ができるかという側面を「使用価値」、後者の「器量」に通じる人間的にいかなる影響力を醸し出すかという側面を「存在価値」と表現している。

企業人評価の二大側面を「使用価値」と「存在価値」という軸でとらえると、この二つの軸を組み合わせることによって、人材を四つのタイプに分類することが可能になる。

すなわち、——ここでは、あえてくだけた表現を用いるが——使用価値、存在価値いずれの側面においても評価の高いグループの人を「できる奴」、使用価値は高いが、存在価値に難点のある人を「一匹狼」、存在価値は高いが、使用価値が不十分な人を「いい奴」、そしていずれも物足りない人を「ダメな奴」とする四つのタイプである。

さて、「才覚」と「器量」という二つの次元を次のようにまとめることが可能である。

才覚　有能性、才能、頭の性能、ＩＱ→使用価値

器量　人間性、人柄、心の性能、ＥＱ→存在価値

「才覚」は、有能性を意味し、「頭の性能」と考えることができるのに対し、「器量」は、人間性につながる「心の性能」であり、「人柄能力」と言い換えることができる。頭の性能が〝ＩＱ(Intelligence Quotient)〟すなわち、知能指数によって表現されるのに対し、心の性能は〝ＥＱ(Emotional Intelligence Quotient)〟すなわち人格的知能指数によって表現される。

ＥＱとは、ただ仕事ができるだけでなく、他者の立場や気持ちを理解できるのはもちろんのこ

と、自分の感情を状況に応じてコントロールできるという人格にかかわる態度的能力と考えてよい。

「職務記述書」に示された公式的な役割のみを全うしていれば、周囲がどんなに忙しくても自分は無関係と考えるのが米国式などと決めつけるのは、どうやら間違いらしい。欧米人も日本人の心の動きを少しは解ってくれたのだろうか、などとEQの概念が注目を集める米国心理学界の様子を垣間見て思ったりする。求められる「人柄」など、職務記述書に書き記すことができるわけがない。他者からの信頼を集め、その集団全体の心理的安定にまでもえも言われぬ好影響をもたらす人間的能力、これが器量というものである。

ちなみに、ベストセラー『EQ〜こころの知能指数』(土屋京子訳、講談社、一九九六年)を著した心理学者ダニエル・ゴールマンは、その日本の読者に向けた序文のなかで「〝こころの知能指数〟には、日本の社会では珍しくない概念もかなり含まれている。〝日本的なもの〟の真髄に通ずる部分があると言ってもいいかもしれない。思いやり、自制、協力、調和を重んずる価値観は、日本人の本質だ。ある意味では、〝こころの知性〟に注目しはじめた世界の変化は、世界の国々が日本社会の安定や落ち着きや成功を支えてきた中心的な要素に気づいた徴候とも言えるだろう」と述べているのは注目すべきだろう。

この「器量」という人格的能力を、経営者への昇進を決める最後のハードルとして多くのわが国企業では意識しているという事実をここでは示したかったのである。

2　専門経営者のノブレス・オブリージュ

求められるノブレス・オブリージュ

企業が業績を追求する営利組織である以上、業績への貢献度の大きさによって人事評価が行なわれ、管理職への任用は業績主義的な能力評価を基準に行なわれるのは当然のことであろう。しかし、役員への登用になると、組織のなかで人間的に信頼されうる「器量」や人間的資質に、より重きがおかれることが明らかになった。いわば人間的資質を問う浄化作用が、わが国企業組織の昇進人事のメカニズムのなかにビルトインされていたのである。

ところが近年の企業社会を揺さぶる数々の企業犯罪の主役を演じたのは、人間的資質において篩《ふるい》にかけられたはずの企業リーダーたちであった。しかも登場した経営者たちは、超一流と目される都市銀行の会長、日本を代表する証券会社の会長、さらに超大手ゼネコンの会長等々、まさにビジネスエリートたちばかりだった。つまり、不祥事の主役となった経営者や事件に連座した経営者たちが、とくに「人間性」や「人間的誠実さ」において問題となりうる蓋然性の高いグループからは最も遠いところにいる選良たちばかりだったという事実を私たちは突きつけられたのである。

ノブレス・オブリージュとは、高貴なる者に当然求められる義務であり、指導者に求められる高潔なる品性である。社会のいわば上座に座っているだけで、その人にノブレス・オブリージュを期待する心理力学が働くとされるのである(杵渕友子「リーダーシップにおけるノブレス・オブリージュの必要性」『産業・組織心理学会第七回大会論文集』一九九一年)。

さらに、アダム・スミスの言う「見えざる手」に導かれて、資本主義社会においては自然に調和が保たれるという神話が今日においても生きているとすれば、そのことが逆に資本主義経済の過熱した競争のなかでの病理をつくり出すという逆説も成り立つかもしれない。つまり、見えざる手によって、いかなる取引もその失敗は経済的制裁によって報われるのであって、その結果、良質の経済主体のみが生き残ることになるはずなのだが、しかし、残念ながら、バブル崩壊後のおびただしい数の企業犯罪は、こうした調和説を消し去るに十分であり、どんな人間でもその状況下におかれていたら陥らざるを得ない構造がそこにあり、資本主義社会の暗部とも言うべき反社会的行為の温床の存在を認めざるを得ないのである。

かつての上下の権力構造の枠組みが強固であった時代においては、経済的利害もあるいは情報の流通経路も、上位者本位につくられていたから、今日のように政治家や経営者の不正が、日常的に暴かれ、白日のもとに晒されるということもあり得べからざることだったのであろう。もはや、マスコミを通じての情報の開示が日常茶飯事化した今日の社会では、一部の特権階級やアンフェアな役得階層の存在は許されなくなったのである。

オーナーの挫折と専門経営者（１）——セゾングループ

バブル経済が破綻する過程でさまざまな企業の不祥事が噴出し、そのなかで創業者たるオーナー経営者が挫折したあと、思いもかけずトップの座を引き継ぐことになった専門経営者が注目されている。それらのトップリーダーの経営者としての立居振舞のなかに経営者に課せられたノブレス・オブリージュの見習うべき事例を見出すことができる。

筆者が直接知り得た経営者に事例を求めれば、一つがセゾングループであり、今一つがダイエーグループである。

西武百貨店を中心に「生活総合産業」のビジョンを掲げ、急激な多角化と拡大路線の果てに、八〇年代後半に巨大ホテルグループ、インターコンチネンタルの買収に及んだことが結果的に大きなツケとなり、ついには巨額の負債を抱えてトップの座を下りたオーナー・堤清二は、一方で作家・辻井喬の顔を持つ特異な経済人であった。このセゾングループの再建には結局、オーナーをとりまく何人かの専門経営者の集団指導制で臨むしか選択の余地はなかった。この中心人物が、セゾングループ代表幹事を構成する三名の専門経営者、すなわち西友会長(当時)の高丘季昭、クレディセゾン会長(当時)の竹内敏雄、西武百貨店社長(当時)の和田繁明であった。

高丘季昭は、オーナー・堤清二の東大時代からの友人で東京新聞の記者を経て堤に請われてセゾン入りし、西友の会長を務めていた。皇族に近い出自からしても泥臭い実業の世界とは縁遠い人柄であったが、「自分は盟友・堤のロマンを実現するためにセゾンにきた」という姿勢を最後まで崩さず、堤を支え続けた。

セゾングループにあって、金融事業を成功に導きグループ内で最大の収益源であり続けたクレディセゾンの会長・竹内敏雄は、ひときわ異彩を放っていた。社内での信望は絶大で、同氏を慕い育てられた若手の経営者は何人もいる。

和田繁明は、堤のもとで西武百貨店大卒一期生として堤の直接の薫陶を受けて百貨店業を学んだが、後年は傍系の子会社へ飛ばされ本流から外されていた。窮地に立った堤に呼び戻され、急遽、百貨店の社長として疲弊しきった企業の再建にあたることとなった。就任直後、幹部社員を一堂に集めて意識改革を訴えた檄文「西武百貨店白書」は、死に物狂いで再建に取り組む覚悟を示すものとして今でも語り草になっている。和田はその後、破綻したそごうの再建社長として迎えられて民事再生手続きを計画より二年早く終結させ、西武百貨店との経営統合にまで発展させて注目を一身に浴びている。

この三人三様の軌跡と苦闘のなかに、オーナーとのそれぞれの軋轢を背景としながら、私心を捨てて再建に立ち向かった専門経営者の鏡とすべき要件がくっきりと浮かび上がってくる。何よりも見習うべきは、当事者としての逃げも隠れもしない責任能力であり、これこそ今日の経営者に求められているノブレス・オブリージュではないかと筆者は考えている。

オーナーの挫折と専門経営者(2)——ダイエーグループ

再建途上にあるダイエーグループの場合も、構図的にはセゾングループに共通しているところが少なくない。戦後の混乱期を経て高度成長へと駆け上がる過程で、わが国の流通革命を先導した創業オーナー・中内㓛《いさお》の功績は何ら揺らぐものではないが、買収に次ぐ買収で規模の拡大を追い続けたあとのバブルの崩壊によってもたらされた過剰債務と含み損という重荷は、自力再建を容易に許さない状況にまでダイエーを追い詰めるところとなった。

味の素から中内に請われてダイエー入りした鳥羽董《ただす》社長のあと、事業の整理圧縮、本業回帰という本業再建に取り組みながら、資産売却による有利子負債の削減と債務免除を柱とする金融支援のスキームを同時に実効あるものにするという経営再建を託されたのは、現社長・高木邦夫であった。高木は、中内がリクルート創業者・江副《えぞえ》浩正から頼まれてリクルート株を取得したとき、中内とともにリクルートの経営陣に加わったダイエー生え抜きの専門経営者であり、二度とダイエーには戻らないはずの人であった。高木は人事、経理など管理部門が長く、リクルートにおいても有利子負債の圧縮という財務面での再建に敏腕を発揮したが、中内の周辺には、もはや高木以外に人材を見つけることはできなかった。

再び戻ることはないと思っていた古巣に、高木は呼び戻された。自らが育ったダイエーへの思いは第三者には測りがたいものがあったに違いない。かつての同僚・平山敞《たかし》を呼び戻し、寝食を忘れてダイエー再建に取り組む高木の姿のなかに、セゾンの三人の経営者とは違った意味で、オーナーではない専門経営者の要件が見えてくるのである。それは、背に腹は替えられぬ局面に遭遇したときの、使命感がすべてに優先した、私心を捨てた覚悟ではないだろうか。再建のスキームの前提に債務免除が入っていながらメインバンクから経営者が送り込まれずに、高木が社長に留まることがむしろ条件になっているという例外的な事態のなかにも、もう後ろがない再建策の苦しさがにじみ出ている。高木はあくまでも自力再建をすすめる姿勢を貫いているが、その後再建計画は必ずしも順調に推移していると言えず、新たな金融支援をめぐって主力銀行による産業再生機構への支援要請の可能性も否定できない状勢にある。

3 サラリーマン経営者の限界

膨大な無責任の体系

サラリーマン経営者は、組織のなかで育ち、組織機構やそのなかでの人的ネットワークに適応するしなやかさを身につけてマネジメント力を成長させていく。有用な人材に通じた人脈力、現場に精通した情報力、調整力を駆使した社内影響力等々、組織に通じた実力の持ち主であることがサラリーマン経営者に共通した姿である。

しかし、組織にかかわるリーダーの行動特性に日本的な特質のようなものが伏在しているのかもしれない。たとえば、「在米日本企業における現地社員の意識調査」(渡辺聡子「日本社会におけるリーダーシップ分析」『ワークス』三八号、二〇〇〇年)に紹介された資料によると、米国内の日本企業における日本人管理者の特異な行動様式をうかがい知ることができるのである。この調査に紹介された日本人管理者は、現地の米国人従業員から次のように見られているという。

「個人として経営施策に関して決定を下す能力がない」

「上司や組織に盲目的に忠誠である」

「個人の独創性や創造性がない」

「前例によってすでに道がつくられていないと行動ができない」

「グループメンバーの行動を気にしすぎる」

「対峙することを好まない」

要するに、集団のなかで個人として単独行動をとることが少なく、個人の責任でものごとを推し進める習性に欠けているということであり、逆から見ると、お互い隣のことを気にしながら仲間同士が集団として一つの目標に突き進むまとまりのよさには優れているということだろう。これは、一人ひとりの責任体制が不明確で、集団の流れや勢いに逆らう行動をとくにリーダーの立場にいる者がとることはほとんど期待されないばかりか、集団の内向きの論理でものごとが押し流される可能性を内包しているのである。

戦後日本の知識人に多大な影響を与えてきた政治学者・丸山真男は、その代表的な著作『現代政治の思想と行動』(未来社、一九五七年)のなかで、東京裁判の記録を精査し、第二次大戦におけるわが国軍部指導層の「膨大な無責任の体系」を鋭く抉り出している。

終戦後、東京裁判において戦争犯罪人として起訴された被告人たちに見られる共通点として、丸山真男は「異口同音に戦争責任を否定している」ことをあげ、ニュルンベルク裁判において責任を一〇〇パーセント認めたナチス戦犯とのあまりの違いを指摘しているのである。丸山によれば、それはすべて責任を回避する自己弁解の論理に終始しており、そこに二つの論理を見出すことができるという。一つは「既成事実への屈服」であり、すでに開始されている戦争は支持せざるを得ないものであったという理屈である。そして今一つは「権限への逃避」であり、官僚体制上の形式的権限の範囲を理由に〝その件に関しては関知する立場になかった〟という自己弁護に逃げ込む姿勢が被告人たちに共通して見られたというのである。

あれだけの戦争を引き起こした軍事国家の指導者たちが、その責任の自覚を欠いているというのは何を物語るのであろうか。

二〇〇二年明るみに出た東京電力原子力発電所の隠蔽工作、あるいは日本ハムの牛肉偽装事件、さらには二〇〇四年摘発された西武鉄道の総会屋への利益供与事件などはトップ経営者が引責辞任する結末とはなったが、果たしてどのようにトップがかかわったのか、どこまで組織ぐるみの犯罪であったのか、いずれもあいまいなままに幕が下ろされた感は拭えない。これらの事例のみならず、戦後六〇年近くを経過した今日のわが国企業社会で、不祥事を起こした大企業の経営者（とくにサラリーマン経営者）の責任回避の言動と東京裁判の被告人との間に共通性を感じないわけにはいかないのである。

背信の階段

山一證券という四大證券の一角が自主廃業に追い込まれ、もろくも崩れ去った衝撃は、まだわれわれの記憶に新しい。読売新聞社会部特別取材班による渾身のドキュメント『会社がなぜ消滅したか』（新潮文庫、二〇〇一年）は、その役員たちの背信という組織犯罪を見事に描き出している。

山一の破綻は「営業特金」と呼ばれる一任勘定の損失補塡から始まったとされる。企業から億単位の金を預かり証券会社が一任されて運用するこのバブル商品は、何も山一だけのものではなかったが、「必ず儲けさせます」と約束して手を握りあうことから「ニギリ特金」とも呼ばれた利回り保証が、バブルが破綻したあと債券や株での運用に多額の含み損を生じるようになり、違法な損失補塡が行なわれるようになっていったのである。この違法な利回り保証の温床となる損失補塡を事実上禁止する通達を大蔵省証券局が出したのは、株価急落後の九〇年一月のことであった。
この頃から営業特金を別の企業に一時的に移し替えるという違法な「飛ばし」という操作が密かに行なわれるようになっていくのだが、おそらくいずれは市況が回復して含み損が消えていくという安易な見通しを暗黙の前提として方策が立てられたに違いない。しかし、傷口はどんどん広がる一方で、株価の劇的な上昇がなければ解消し得ない状況がどんどん膨れ上がっていったのである。

違法な損失補塡を隠すためにペーパー・カンパニーに移し替えて決算に反映させないようにする簿外債務による「債務隠し」、この粉飾決算による違法配当、さらにはこの弱みを握られた総会屋への利益供与事件へと傷口は広がる一方であった。

事件後に弁護士と公認会計士によって「法的責任判定の最終報告書」が緻密にまとめられているが、このなかに記された関与取締役一覧をみれば、債務隠しを中心とした違法行為にかかわった人物が昇進していく姿を如実に読みとれるという。

「（債務隠しは）役員の誰かが単独に出来る筈はなく、（中略）複数の部門とその部門の責任者による有機的なチームワークが必要であった。それこそ山一證券㈱の社風である一糸乱れぬ見事な協業体勢があった。（中略）このいわば会社の恥部を知った、秘密サークルに属している部門の責任者が会社の重要なポストを占める様になっていった」(前出書本文より)という。このストーリーが糾弾しているのは、突出した一人の極悪人によって犯罪が実行されたのではなく、どこにでもいるサラリーマン経営者が蝕まれた企業の病変を知りながら、だれ一人それを止める行動に出られず、そればかりかその犯罪に積極的に加担し傷口を深めた人たちが出世の階段を昇っていくという組織の持つ本質的な恐ろしさではないだろうか。

九〇年代後半に次々と噴出した企業犯罪、さらにはわれわれを戦慄させた原子力発電所をめぐる隠蔽工作や食品表示の偽装工作など、そのほとんどすべてが会社ぐるみ、もしくはそれと同等の集団犯罪であった。

ここで考えたいのが、内部昇進専門経営者の脆弱性とでもいうべき限界についてである。かれらは状況に抗う術を持たず、組織の生んだ徒花《あだばな》に成り下がる危険を孕んでいるのである。

中間管理職から上級管理職へと組織の階段を駆け上がり、サラリーマンすごろくの最終段階にきて役員になれるかなれないかを分ける条件は、すでに見たように「人間的な信頼」を得られる器量であり、人格的能力であったはずである。組織の階段を一つずつ昇ってくる過程で幾重にもフィルターがかけられ選別されて、最後のところでは周囲から人間的に信頼と尊敬を集めうるような「人間性」というものさしが利いてくるのである。

しかし、このようなフィルターをくぐり抜けた人たちは、安定した時代ならいざ知らず、現今のような変化の激しい環境下で企業が厳しい対応を迫られるときには、よほどの覚悟がなければ経営者は務まらないのではないか。しかも山一證券の背信に加担した一群のサラリーマン経営者たちのように、組織において本来尊敬と信頼を集めるはずの人たちが犯罪者に成り下がっていく温床を自ら醸成することになるのである。

「背信の階段」という落し穴は、現代サラリーマン社会のリーダーたちが、ときに自らを陥れる呪縛の罠なのかもしれない。

第五章　経営者能力をどう測るか

1　経営者に適性はあるか

三側面モデル

適性心理学のなかでは、企業人能力をKSA、すなわち「知識(knowledge)」「スキル(skill)」「能力(abilities)」という三つの概念でとらえる枠組みがあり、これに性格・指向・興味などの情意的な側面を加えることでトータルに適性をとらえることができる。

筆者は、企業人の適性を仕事および仕事をとりまく状況への適応性としてとらえ、「適性の三側面モデル」を提唱した。三側面とは、職務、職場、自己の三つであり、これらを統合的にとらえることによって企業人の適性を明らかにしようとする考え方である。

この考え方は表7のようにまとめることができる。

「職務適応」とは、職務遂行における能率や成果にかかわる概念で、仕事に対する能力によって左右されることから、能力的適性に対応している。したがって、前章で述べた人材の使用価値という側面につながる。「職場適応」は、職務遂行における対人関係を中心として社会的

表7　企業人の適性の三側面モデル

適応次元	適性概念	諸　機　能
職務適応―不適応	能力的適性	知能 知識 技能 感覚機能 運動機能
職場適応―不適応	性格的適性	気質 性格 興味
自己適応―不適応	態度的適性	意志 意欲 興味 価値観 自己概念

(大沢武志『採用と人事測定』朝日出版社, 1989年)

場面への適応水準に焦点を当てた側面である。これは主として対人的適応性や情緒的適応性にかかわっており、性格的適性の概念としてとらえられる。これは人材の存在価値という側面につながっている。三番目の「自己適応」は、本人自身が内的な価値基準や情緒的な適応、さらには自己本来の価値の実現(自己実現)という点でどの程度満たされ、自らに適応しているかという個人の主体的適合性の概念である。この側面は個人の仕事や職場への姿勢の問題であり、その人なりの適応様式を意味するるので、態度的適性としてとらえることができる。

この三側面モデルは、企業人の適性を考える一般的なモデルとして提唱したものだが、経営者の適性をこのモデルに当てはめて考えてみたい。

まず能力的適性とは、すでに第三章で考察した経営者に求められるさまざまな能力、スキル、コンピテンシーなどの顕在的・具体的な能力の獲得に有利に働く潜在的な可能性としての資質的能力を意味する。

その資質的能力とは、言語的理解力、言語的推理能力、非言語的・抽象的理解力、論理的推理能力などの知的能力が中心になる。これらの資質的能力が果たして優れた経営者と平均的な経営者を識別する適性要因たり得るか否か、これまでに行なわれてきた実証的研究をこのあと振り返ってみることにしたい。

性格的適性という観点では、その資質的要因である気質、性格、興味などの個人差が経営者の適性として意味のある特性といえるか否かが問題となるが、これらの情意的側面については経営者の対人面における行動特性やストレス状況における耐性、決断力にかかわる自己統制などの性格的特性を探ってみたい。

態度的適性に関しては、経営者としての事業意欲や価値観などが経営者の適性にかかわる中心的テーマであろう。また、自らの存在の心理的安定の基盤をどこに求めているか、窮地に追い込まれたときの身の処し方なども経営者の自己適応に関する重要なテーマといえよう。

実証的研究

〈管理者資質早期発見計画（ＥＩＭＰ）〉

米国企業におけるこの研究は今や古典的と言われるものとなったが、もともとの狙いは経営者として有望な候補者を早期に発見して育成につなげようとするところにあったのである。

このプロジェクトは文字通りＥＩＭＰ(Early Identification of Management Potentials)、

すなわち「管理者的資質の早期発見」計画と名づけられ、一九五五年から六年の歳月をかけスタンダード石油(現エクソンモービル・グループ)において現職の経営者および管理者を対象に行なわれたものである。

この研究は次のような考えを前提に行なわれた。

①経営管理者のなかで成功している人と成功していない人との間には、個人的資質等の条件に差が見られるはずである。

②成功者と同じ条件を備えた候補者は、そうでない人よりも経営管理者として成功する可能性が高いはずである。

③これらの個人的特性は、キャリアの比較的早い段階で測定することが可能である。

研究はスタンダード石油とその関連会社の経営者を含む管理者四四三名の協力のもとに行なわれたが、その手順は以下の通りである。

まず、経営管理者としての成功・不成功に関連があると思われる個人的資質を測定するための、すなわち管理能力を予測するためのさまざまなテストおよび調査が行なわれた。これらによって得られるデータは「予測変数(predictor variables)」と呼ばれるが、用いられたテストは標準化された心理検査として、知能検査としての言語的推理能力検査および非言語的推理能力検査、気質・性格検査(客観性、社交性、情緒安定性)、新たに開発されたテストとして、個人のバックグラウンド調査、管理的判断力検査、管理的態度調査、業績についての自己申告等である。個人のバックグラウンド調査は、家族、教育歴、職歴、財産、余暇での活動、健康歴、コミュニティ関係を調べることによって自主性、成熟度、社会性、責任感、職業興味などを測ることを目的としたものである。このほか、異動の回数と種類、異動先、国内外の勤務割合などの人事記録も集められた。また、「入社前の人生で最も危機的だった時期」「会社での昇進で最も危機的だった時期」「会社に対する最も重要な業績」「昇進に最も貢献してくれた社内の人物」を調べるために面接も行なわれたが、これは管理者を昇進へと動機づける要因を探るためである。

一方、対象となった四四三名の経営者・管理者としての成功—不成功の基準となるデータも集められた。これは「基準変数(criterion variable)」と呼ばれるもので、用いられたデータは三種類である。一つは、現在の職位(position level)で、より高い職位に昇進した者は、より高い管理能力を発揮したと考えられるからである。二つ目は、管理能力についての評価で、管理の効果性(managerial effectiveness)について複数の上司が最近の仕事の業績についてランクづけを行なった。三つ目は、給与歴(salary history)であるが、これは過去最低三年以上の給与の上昇度を同僚との相対比較で指標化したものである。これらの基準となるデータにもとづいて「成功度の総合評価」が算出された。

以上の「予測変数」と「基準変数」の間にいかなる関係が見られるかを分析することによって、実証性が検証されることになる。

両変数間の相関関係を統計的に算出した結果、基準変数に対して有意な相関関係の見出された予測変数、すなわち、経営管理者としての「成功者」と「不成功者」を識別し得ることが認められたのは、以下に示した八つの検査であった。

言語的推理能力検査
非言語的推理能力検査
気質・性格検査
業績についての自己申告
面接結果
個人のバックグラウンド調査
管理的態度調査
管理的判断力検査

表 8　EIMP（管理者資質早期発見計画）による各検査の妥当性係数

	サンプルA	サンプルB
言語的推理能力検査	.18**	.17**
非言語的推理能力検査	.20**	.19**
気質・性格検査	.27**	.31**
業績についての自己申告	.24**	.23**
面接結果	.21**	.19**
個人のバックグラウンド調査	.63**	.50**
管理的態度調査	.24**	.14*
管理的判断力検査	.32**	.31**

ここに示される数値（妥当性係数）とは，管理者としての成功度の基準値に対する各検査の得点の相関係数である．数値に付されている*印は相関係数の統計的な有意性を示す．
　*危険率 5% で有意　　**危険率 1% で有意
(C. Paul Spark, *Testing for Management Potential*, in Clark, K. E. & Clark, M. B. ed "Measures of Leadership" Leadership Library of America, Inc., 1990)

サンプルA、サンプルBとあるのは、分析にあたって四四三名の対象者が同質の二つのグループに分けられ、それぞれについて相関係数が算出されたのである。これは「交差妥当化」と呼ばれる統計解析の手法で、分析結果が標本の偏りによる偶然の結果でないことを確認するための手続きである。（表8に示される相関係数は、妥当性係数と呼ばれ、この値が大きく一・〇に近いほど、妥当性が高いと解釈される。ここでいう危険率とは「相関関係がない」という仮説を否定したとき、その否定が誤りとなる確率を意味する。）

　この結果から、経営管理能力を予測する個人的資質として、言語的・非言語的推理能力などの知的能力、客観性、社交性、情緒安定性などの性格特性、生育歴、学生時代の活動歴などのバックグラウンド調査等のデータに有効性があることが検証されたのである。

この結果の意味するところは、高度な知的能力としての推理能力においてより優れた資質を有する人の方が、経営管理者として成功する可能性が高いこと、そして、性格面においてはより情緒的に安定している人、より社交的な人の方が経営管理者として成功の可能性が高いということである。

なお、スタンダード石油におけるこのプロジェクトは、一九六九年に同社の日本法人である当時のエッソスタンダード石油(現エクソンモービル・グループ)においても同様の研究が計画され、同社の松尾守・人事課長(当時、現ヒューマンシステム研究所代表)によって推進されたが、筆者も協力者の一人として研究に加わった。当時としては極めて先進的な人事プロジェクトであり、国内の従業員への配慮から、その名称をＥＩＭＰのままとせず、従業員のキャリア開発計画に力点をおいたＣＤＩ(キャリア開発インベントリー)というプロジェクト名で行なわれた。

同様の研究は、一九五〇年代に米国ＡＴ＆Ｔ社においても、「管理者昇進研究(ＭＰＳ＝Management Progress Study)」プロジェクトとして推進され、二五年にわたって追跡された結果、有意な予測変数として、能力的側面では、知的能力(認知能力)、性格的側面では野心などの特性が確認されている。

また、同じく一九五〇年代にシアーズ社において行なわれた研究が約三〇年後に「高業績経営者(High-Level Executive Performance)研究」として追跡され、やはり高度な知的能力や自信、冷静さなどの情緒的強靭さ(emotional strength)等の資質的特性の予測変数としての有効性が確認されている。

〈管理者の性格的適性の研究〉

経営者を対象とした研究ではないが、EIMPなどの米国の研究に刺激されて、筆者が一九六〇年代後半にわが国企業の管理者を対象に行なった実証的な研究に触れておきたい。この研究は、複数の企業の管理者(ライン業務担当の中間管理者)を対象に、当該企業の人事評価にもとづいて管理者としての成功群と不成功群に分類し、両群のパーソナリティ特性の比較分析を行なったものである。

この研究のために管理者の性格的適性に関連性が予測される性格に関する質問項目を収集し、五一七項目からなる質問紙を作成し、対象となる管理者に回答をお願いした。そして、管理者として高い人事評価を得ている成功群と評価の低い不成功群の応答結果を全項目について比較したのである。両群の応答結果に明らかに違いのある項目を見出すために、応答結果の分布の差をカイ自乗検定と呼ばれる方法で統計的に検定したところ、一九七項目について有意な差が見出された。

この両群の間に有意な差の認められた一九七項目にいかなる意味があるかを検証するために行なったのが因子分析である。この結果、管理者の適性を性格的に説明するのに意味のあると思われる因子が四つ抽出された。

第一因子は、管理者の性格的適性を示す最も基本的と思われる因子である。これは、自己統制力、自律性、自己主張性、非抑うつ性、非内省性などが含まれており、いわば情緒的な適応や自己統制にかかわる性格因子である。この因子を「性格的強靭性」と名づけたが、米国のEIMPやシアーズ社の研究において明らかになった「情緒的安定性」とかなり符合するものである。

第二因子は、対人的な接触における積極性(外向性)、他者に対する主導性、指導性、競争心、攻撃性などを表わす因子で「支配性」と名づけた。

第三因子は、「決断性」と名づけたが、合理的・客観的な判断を好み、物事に対して毅然とした、ときに批判的な態度で臨む傾向を表わす因子である。

第四因子は、人間関係への円滑な適応を可能にする対人適応性を表わし、「社交性」と名づけた。適度の社交性が管理者に望ましい性格特性として要求されることを示している。

この四つの因子は、主観的・恣意的に描き出された望ましい管理者像ではなく、心理測定の手法によって実証的に導き出されたものであり、この因子分析の結果をもとに管理者としての資質を診断する適性検査の開発が可能である。実際に、人事測定研究所(現HRR)によって開発された管理者適性検査MAT(Managerial Aptitude Test)は、この研究が基礎になったものである。

この四つの性格特性は、階層的組織の中間層にあって、目標達成に向けて対人的な指導・統率力と実行力の発揮を求められる中間管理者の性格的適性を実証的に示したものであり、トップ経営者とは違った適性の存在を示唆しているものと考えられる。

2　経営者能力の層構造とその測定

氷山モデル

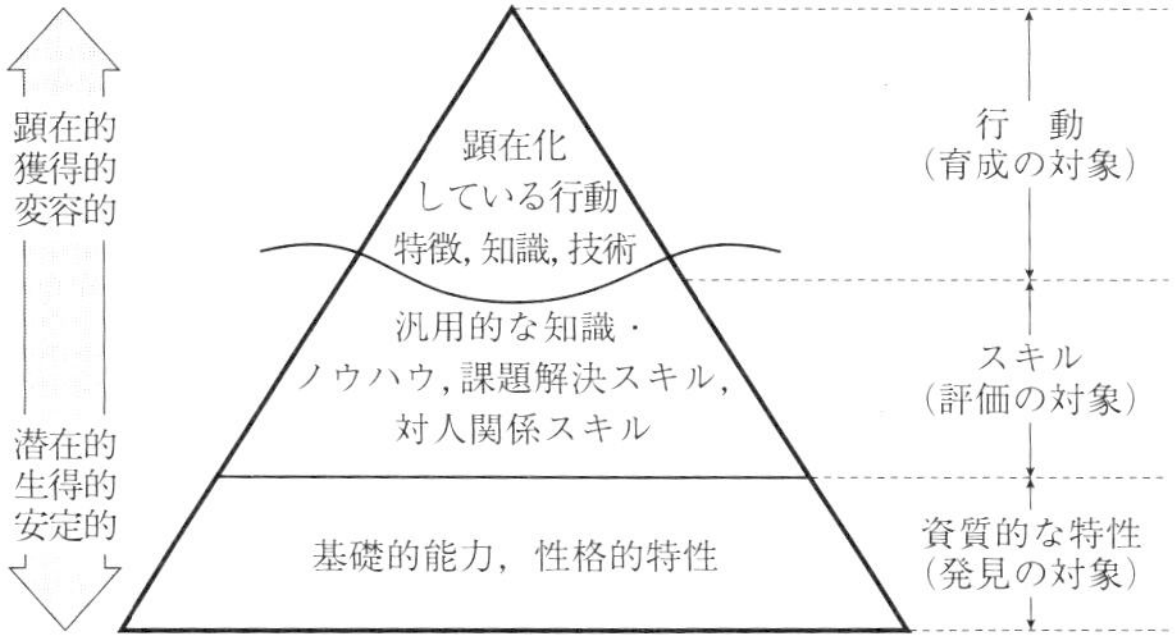

図 2　企業人能力の氷山モデル

経営者能力をどうとらえるか、その考え方の基礎として「企業人能力の氷山モデル」をとりあげておきたい。図2に示されるように、三角形を一つの氷山に見立てて全体を能力としてとらえる。波線を水面とすると、表面から観察できる部分と水面下にあって表面からは観察できない部分に分かれるが、水面下の部分の方が大きい。

そして、最も観察することが難しい氷山の最下層に潜在的特性(potentials)、すなわち資質的な特性が位置づけられる。この部分は先天的な要因の影響の大きい素質的な特性とも考えられ、その意味で安定的ではあるが、変えることのより困難な特性としてとらえられる。したがって、育成の対象というよりは発見すべき対象と見た方がよい。その上位層に汎用的なスキルが位置づけられるが、資質的な特性の上に経験や学習を通じて獲得されるスキルである。課題解決スキルや対人関係スキルなどが、ここに含まれる。観察可能な水面上の層には、顕在的な知識・技術や具体的な行動特性が位置づけられる。経験や学習によって獲得される側面であり、育成の対象としてとらえられるものである。

この氷山モデルによって、各側面の観察の容易さや形成のプロセスについての基本的な理解が得られ、さまざまなアセスメント・ツールが目的に応じて適切かつ有効に用いられるための基準ともなる。具体的な職務成果や顕在的な行動は、職場において観察可能な側面といえるが、潜在的な資質的特性は、表面的な行動からは観察しにくく、適性検査や心理検査によって一定の範囲で測定が可能となるのである。

先に紹介したＥＩＭＰプロジェクトは、主として資質的側面における個人差をベースに経営者能力を予測する可能性を研究の狙いとしたものであり、適性検査がそのために開発され活用されたのである。

測定は可能か

氷山モデルに示された三つの層に対応して、経営者能力をどのように考えればいいのか、そして、果たして経営者能力はどこまで測定が可能なのだろうか。三つの側面それぞれについて概観してみたい。

(1)行動的側面

まず、氷山モデルの水面上に出ている「行動的側面」であるが、この部分に該当する評価項目は、「態度的能力」「発揮能力」であり、同時にこれらの能力の発揮された結果としての「業績」も評価の対象と考えることができる。

・態度的能力　事業意欲、目標指向性、自己変革意欲、危機意識、人間的度量・誠実さなどの経営者としての仕事に対する取り組み姿勢で、情意的側面と呼ばれる。観察可能な具体的な行動を通じて評価される。

・発揮能力　具体的な行動を通して現実に発揮された能力である。推進・実行力、折衝力、社内発言力、ビジョン提示能力、指示・説得力、目標指向力、指導・統率力などが含まれる。

・業績　行動の結果としての成果である。所定の目標との関連でその達成度合を業績の目安とする場合が多い。

行動的側面の測定には、主として多面観察評価などの観察的手法が有効である。それは、職場における行動の過程や結果にもとづく評価としての人事考課の対象でもある。

多面観察評価の手法は、前述(八〇ページ)の三六〇度評価システムとも呼ばれるもので、職場における当該経営者の行動をその人をよく知る同僚や部下が評定し、同時に本人による自己評定も行ない、能力や態度を評価しようとするものである。

第三章で述べた「複数観察者による多面評価システム」は、仕事の能力と協働の能力に関して四側面、一六要素にしたがって多面観察評価ができるようにつくられている。また、「エグゼクティブ・リーダーシップ・サーベイ」についても六つの機能について複数観察者による多面評価が行なわれる仕組みとなっている。評定は、職場における具体的な行動項目に関して五段階で行なわれるが、六つの機能についての項目例は次のようなものである。

(識見・ビジョン)　・あらゆることから学ぼうとする姿勢を持っているか

・経営幹部としてふさわしい識見を持っているか

(事業意欲)　・経営効率を上げるために新しい提案をしているか

・業績向上のために率先して努力しているか

(信望)　・部下から支持され、信頼されているか

・周囲の人は仕事のことであなたから学んでいるか

(決断力)　・必要なときには非情な決断を下すことができるか

・前例や慣行にとらわれない思い切った決定ができるか
(指導統率力)・部下をほめるべき時にはほめ、しかるべき時にはしかっているか
・決定したことを部下に徹底して実行させているか
(組織への影響力)・他部門を動かす折衝力を持っているか
・社内において発言力、影響力を持っているか

(2)スキル的側面
次に「スキル的側面」であるが、これは水面上には出ていない側面なので、外部から直接的には観察できない部分であり、これに該当するのは「汎用的知識およびスキル」「保有能力」である。
・汎用的知識およびスキル　経営管理の特定の分野に関する経営的専門知識
専門知識にもとづく管理的判断力
経営実務に関連するスキル
・保有能力　必要な場面で発揮されることが見込まれる保有された能力
(マイナス情報収集力、洞察力、問題認識力、戦略的発想力、具体化能力、決

断力・胆力、共感能力などが対象となる。)

スキル的側面の測定には、直接的には知識試験や論文テストなどの方法がある。管理的判断力の測定には、アセスメントセンター方式(一三九ページ以下参照)のなかで用いられるインバスケット・テスト(未決箱テスト)やインシデント・プロセス演習、ビジネスゲームを通しての観察評価、あるいはリーダーレス・グループ討議(リーダーを指定しないグループ討議)などの方法が有効である。また、職場の行動を対象とした多面的観察評価は、保有能力の測定に対しても有効なものとなる。

(3)資質的側面

氷山モデルの最下層にある「資質的側面」も、表面的には見えにくく、行動観察を通じてとらえることが必ずしもできない部分である。パーソナリティの基底をなす素質的な要因でもあり、最も変わりにくい側面としてとらえられる。その人本来の天賦の才をどう生かすかという適性の概念の基礎をなす側面と言えよう。

知的基礎能力——概念的理解力、論理的思考力、推理能力、認知的能力

指向・意欲——興味、モチベーション

態度・価値観――価値指向、仕事に対する態度

性格・気質――強靭性、支配性、決断性、思索性、意欲性

資質的側面の測定には、科学的な検証の手続きを経て開発された適性検査や心理検査が最も有効となる。先に紹介した経営者適性の実証的研究では幾種類もの心理検査が用いられ、その予測的妥当性が実証されたのである。

３　評価のためのアセスメントセンター

経営者能力の事前評価

一九五〇年代にすでにＡＴ＆Ｔやスタンダード石油で経営者資質の研究がすすめられたように、将来の経営者候補をキャリアの早い段階で選抜し、育成しようとする考えは、その当時から米国では現実に試みられていたのである。

わが国の場合、経営者への昇進は、これまでは新入社員として入社したのち、係長、課長、部長と階層組織の階段を一つひとつ上がっていく過程で篩にかけられ、最後の段階で役員会の審議を経てその合意のもとに取締役が選ばれるというやり方が一般的であった。

経営者としての資質要件を明らかにして、キャリアの早い時期に可能性の豊かな人物を絞り込むことが技術的に可能であったとしても、そうした選別方式はわが国の経営風土になじまず、必ずしもそのニーズは顕在化しなかった。わが国においては、成熟した組織では昇進人事における「年次序列」の慣行は一朝一夕に崩れるものではなかった。

しかし、終身雇用、年功序列という日本的人事慣行に、もはや昔日の面影はなく、日本的と言われてきた能力主義人事も成果主義的制度へと趣きを変えつつあるのが、近年のわが国経営人事の流れである。また、金融、流通、ゼネコン、商社など多くの業界でバブルの崩壊に伴う経営の破綻や相次ぐ不祥事によって経営者が引責辞任に追い込まれる一方、企業再編も加速して経営者の大幅な世代交代が一挙にすすんだという経緯がある。

意図的・計画的に経営者の早期選別と世代交代がすすめられたのではなく、引退にはまだ早い経営者が引責辞任に追い込まれたあと、やむなく準備のない若手経営者にバトンタッチが行なわれるというトップ人事も一つや二つではなかった。こうした交代劇は個別の企業の内部の問題にとどまらず、買収企業から経営者が送り込まれたり、日産自動車のように親会社となった外資系企業から経営者が乗り込むケースも珍しいことではなくなっているのである。

外部から経営者が送り込まれる場合、これまでの実績から手腕を見込まれた経営者に白羽の矢が立つのは当然だが、欧米の場合、プロ経営者を組織的にヘッドハンティングする人事コンサルティング会社の役割が企業社会に定着している状況があり、経営者としての実績やコンピテンシーがデータベース化され、情報が蓄積されているのである。

株主主導という欧米型のコーポレートガバナンスの主要な役割が、こうしてさまざまな企業を渡り歩くプロ経営者の監視にあるとすると、経営者の選別やその業績の監視に際してもヘッドハンティング会社の情報が重要な役割を果たしていることも事実であろう。

アセスメントセンター方式

経営者が実際に企業経営で実績を示す前に、その能力の可能性を予測することがある程度できれば、たしかにその価値は大きいと言える。

実際にものごとが起きる前に、状況をシミュレートすることによって事前に評価を行なう、経営者能力のアセスメントの研究が積み重ねられている。

「アセスメントセンター」とは、経営者能力や管理者能力のアセスメントにかかわる一連の手続きとシステムを意味する呼称である。

この方式の始まりは、第二次世界大戦中、米国陸軍でスパイを選抜するために行なわれたものとされているが、民間企業における展開は、先述の一九五〇年代に「管理者昇進研究プロジェクト」を推進したAT&Tが心理学者と共同して開発した管理能力評価の技法がきっかけとなったものである。

アセスメントセンター方式は、図2(一三一ページ)に示した「企業人能力の氷山モデル」に見られるすべての側面をアセスメントの対象にしているが、とくに個人の潜在的能力・資質がアセッサー(評定者)によって観察・評価しやすいようにさまざまな仕掛けが設計されている。すなわち、数個の演習課題が心理学的に設計され、その演習を通して被評価者の行動・態度・言動がアセッサーによって観察され、その結果から個人のスキルや資質的能力が評価される仕組みである。アセッサーは特別の訓練を受け、定められたディメンジョン(評価要素)にしたがって行なった評定を報告書にまとめるのである。

具体的な展開

具体的には次のような方法で展開される。

通常は二日ないし五、六日程度の日程をかけて集中的に行なわれる。アセッサー(評定者)とアセッシー(被評定者)の比率は、一対一から一対三までいろいろである。

用意される課題は、以下のようなものが多い。

〈マネジメントゲーム〉

四〜五名の小グループに分かれて、ある製品の製造、販売など企業で起こりうるマネジメント上の具体的な課題についてグループ討議によって判断、意思決定を行ない、グループ対抗で競う。

〈リーダーを指定しない討議〉

リーダーを決めない状況でグループ討議をさせ、グループとしての結論や決定を制限された時間内でまとめさせる。

〈インバスケット演習〉

管理者の机上にあるインバスケット(未決箱)に決裁すべき書類が多く残されている状況を設定する。管理者が日常行なっている課題解決場面のシミュレーションである。報告書、手紙、メモなどのさまざまな書類を緊急度、重要度を判断しながら意思決定し、アクションの計画、部下・関係者への指示などを制限時間内に行なうことが求められる。

〈インシデント・プロセス演習〉

インバスケットと同じ課題解決場面のシミュレーションである。この演習では端緒となる箇単な情報のみが提供される。被評価者は端緒となる問題の背後にある原因をつかみ、解決のための方策を考えることを求められる。与えられた情報のみでは課題解決できないので、必要な情報をアセッサーに求めることになる。問題の本質を自ら探索しながら合理的な行動決定にいたる能力を評価するのに有効な演習とされる。

〈面接〉

入社動機、仕事以外の活動、将来の希望、関心・興味などをテーマに被評価者のバックグラウンドを探るための面接である。

〈心理検査〉

知的能力、性格、気質、態度、意欲等、潜在的資質を測定するために幾種類かの心理検査が行なわれる。

〈多面観察評価ツール（三六〇度評価）〉

被評価者の職場における行動を、チェックリストによって上司、同僚、部下、関連職場の複数の人に多面的に評価してもらう。同時に本人自身にも自己評定を求め、他者の評定結果と比較できるようになっている。

評価次元

こうした手法によって評価の対象となるのは、主としてスキル的能力や態度であるが、次のような能力が評定要素としてあげられている。

・自己主張力　・説得力　・計画力、組織力　・ストレス耐性　・持続力　・決断力　・分析力　・感受性　・自己理解力　・他者理解力　・口頭表現力　・情報収集力　その他

アセスメントセンターの研究では最もすすんでいる企業と言われるＡＴ＆Ｔの報告によれば、アセスメントセンター方式によって評価される能力は、七つの因子で説明されるという。

七つの因子とは、

・管理的スキル(administrative skill)
・対人的スキル(interpersonal skill)
・知的能力(intellectual skill)
・成果の安定性(stability of performance)
・仕事に対する動機(work-oriented motivation)
・キャリア指向(career orientation)
・他者への依存性(dependency on others)

であり、このなかでも重要度の高い因子が「管理的スキル」と「対人的スキル」とされている。

アセスメントセンター方式は、一九八五年に開催されたアセスメントセンター・メソッド国際会議で詳細にわたって定義されているが、その要点は次の五点である。

第一には、管理者の実際の職務をシミュレートした課題が用意されることから、選抜方法として受け入れられやすいことである。第二には、対象者を同一の状況に集め、同一の課題を課すことにより、公平で相互比較的な評価が可能であること、第三には、対象者とアセッサーの間に職制上の関係がないので個人的な感情にとらわれたり、偏見が入る余地が少ないこと、第四には、専門的な訓練を受けたアセッサーが、一人ひとりの対象者を複数で観察・評価するので客観的な評価が可能であることがあげられている。第五には、通常、一つの能力を評価するにあたって、一つでなく複数の課題が用意されるので、信頼性の高い結果が得られやすいことである。

経営者能力の育成

アセスメントセンター方式は、被評価者が数日間にわたって合宿形式でグループワークやシミュレーションゲームに取り組み、あるいは三六〇度評価といわれる職場における他者評価の

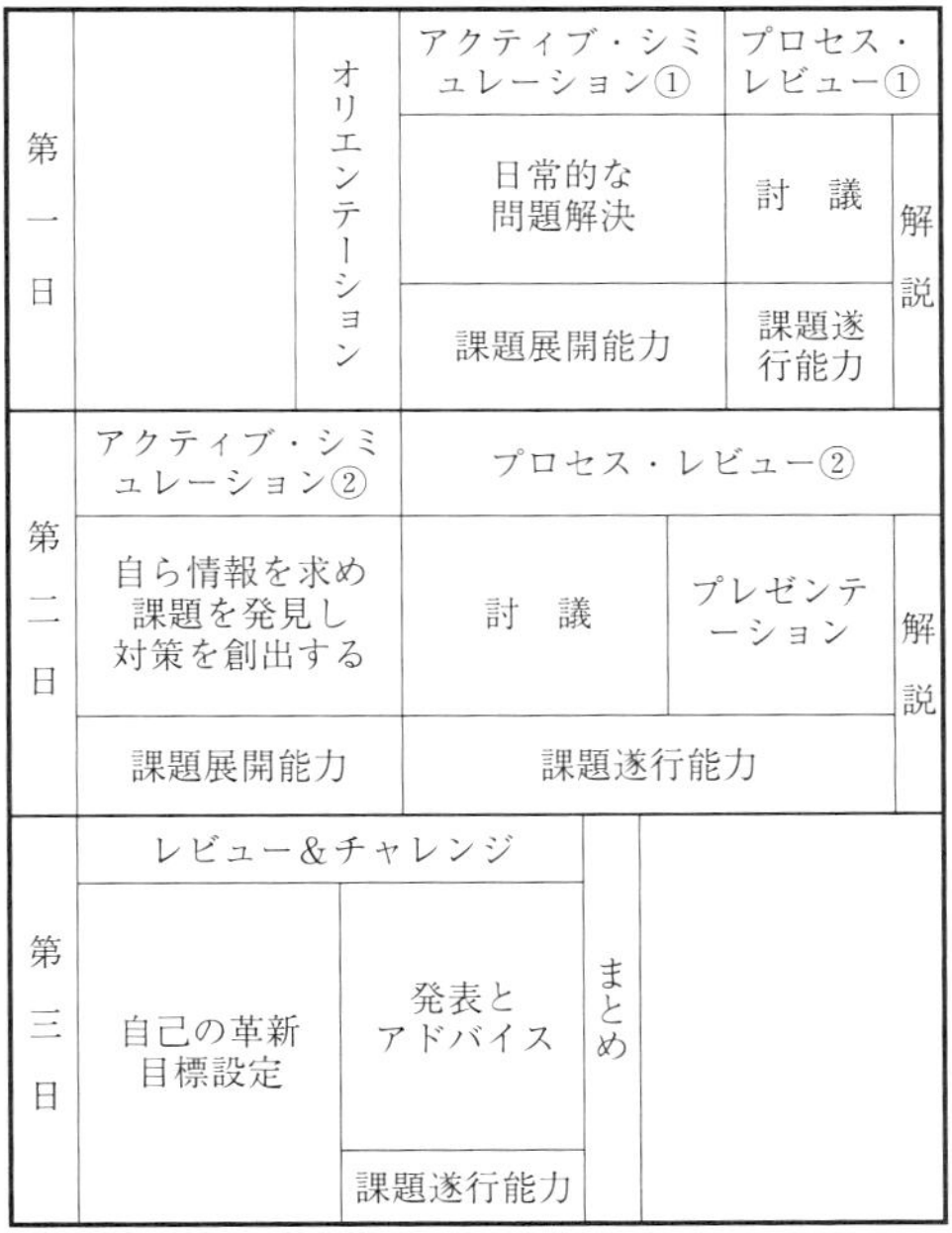

		アクティブ・シミュレーション①	プロセス・レビュー①	
第一日	オリエンテーション	日常的な問題解決	討議	解説
		課題展開能力	課題遂行能力	

	アクティブ・シミュレーション②	プロセス・レビュー②		
第二日	自ら情報を求め課題を発見し対策を創出する	討議	プレゼンテーション	解説
	課題展開能力	課題遂行能力		

	レビュー&チャレンジ			
第三日	自己の革新目標設定	発表とアドバイス		まとめ
		課題遂行能力		

図3　レビュー＆チャレンジ・プログラム
（リクルートHRD研究所，1992年）

データを分析するなど、かなり深いレベルで自分の行動や動機などと対峙し、さらにそのなかで同じ課題に取り組み、他者とかかわることになる。

この場面は、またとない能力開発の機会ともなり、実際にこの方式は「アセスメント研修」と呼ばれて経営者や管理者の研修システムとして用いられているのである。

前節（一三四ページ）に述べた「エグゼクティ

ブ・リーダーシップ・サーベイ」はもともと経営者のリーダーシップ開発プログラムとしてつくられたものであったが、アセスメント手法としての「複数観察者による多面評価システム」も経営者能力開発の手法としても活用されている。

アセスメント方式による研修プログラムの実際例として、リクルートHRD研究所によって開発された「レビュー&チャレンジ(R&C)プログラム」を紹介すると、図3に見られるように、二泊三日の日程が組まれているのが標準プログラムである。このなかに「アクティブ・シミュレーション」とあるのは、課題解決プロセスの模擬演習で、インシデント・プロセスによる演習が通常は組み込まれている。「プロセス・レビュー」とは課題解決プロセスの振り返りを通して自己の現状把握と課題解決のポイントを学習するセッションである。

第六章　経営者と企業倫理

1　企業倫理の建前と本音

集団規範と内向きの論理

あとを絶たない企業犯罪や不祥事は何を物語るのか。違法行為が発覚して事件が起きると必ず「再発防止策」が打ち出され、社内の「意識改革」が謳われるのが常である。しかし、一向になくならないという事実をどう受け止めればよいのか。

企業社会には、たしかに本音と建前がある。たとえば、建設業界における「談合」という違法行為に対して、表向きの法令遵守の裏側で「あれは業界の内部ではだれでも容認しているいわば慣習的なシステムで、この業界がある限り、なくならない」などと半ば公言する関係者がいたりする。決められたルールだから建前としては守る姿勢は示すが、本音は違っているからなくならないということになる。

社会心理学は、組織のなかでメンバーの現実の行動に最も影響力を持つ規範的グループの存在を明らかにしているが、建前ではなく、本音のところで人びとの行動を縛っているのは、それぞれの人が心理的に所属している集団(準拠集団)である。その集団の持つ規範に同調し恭順の意を示すことで仲間として受け入れられる、というメカニズムは厳然として存在しているのである。規範に逆らえば「村八分」という集団の掟が待っている、ということになる。業界の掟破りに果敢に挑戦した「談合破壊」の勇敢な経営者の苦闘をテレビで見る機会があったが、これはレアケースだからこそドキュメントとして放映されるのである。

本書を執筆中のまさに今(二〇〇四年七月)世の中を震撼させている三菱自動車グループの大型車タイヤ脱落事故は、企業経営者への信頼を根本から失墜させるに足る重大な事件である。しかも三菱のリコール隠しは今回が初めてではなく、二〇〇〇年に同じ事件を起こしていながら今回の虚偽報告である。そればかりか、乗用車についても欠陥隠しの事実が発覚している。本当にこの会社は、人命や安全が企業倫理上最優先されるべき自動車メーカーとして自覚があるのだろうか。「処事光明」の三菱創業の精神は、どこへいったのか。この企業の場合も、リコール隠しの違法性を知りながら、現場の対応も組織の悪弊に抗うことができなかったということである。

違法行為を隠蔽する組織ぐるみの犯罪もあとを絶たない。東京電力原子力発電所の検査隠蔽行為や日本ハムの食肉偽装事件などを見ても、企業から違法行為を取り除くことはそもそも不可能なのかという思いにさえかられるが、集団内部に巣食う集団規範という呪縛の存在を無視できないということなのだろうか。そうした状況は、集団成員が揃って物が見えなくなる「集合近眼(collective myopia)」という概念によっても説明される。もし自分がその場にいたら、自分がその立場だったら、あの違法行為を、あの暴走を果たして止められただろうかと自問するとき、組織のなかでの人間の脆弱性をだれしも否定できないのではないだろうか。

本音に表われるトップの倫理観

いかなる違法経営事件も経営トップはその責任を免れ得ないものである。それればかりか、集団規範に抗えないゆえに生ずる反社会的行為の原因となるのは、経営トップの倫理観そのものなのだという認識がトップ自身に必要なのではないだろうか。

武富士の武井保雄会長が直接の関与を認めた盗聴事件は、倫理観の全く欠落しているとしか言いようのない悪質な経営トップ自らが起こした犯罪だが、総会屋への利益供与という不正行為もトップの関与がなければ起こり得ないものだろう。一九九七年に暗躍した総会屋・小池隆一は四大証券すべてのトップへ食い込んでいたのであり、二〇〇四年に発覚した西武鉄道の土地取引に絡む総会屋への利益供与事件も、経営トップの関与が摘発されるところとなった。これらの事件で四大証券の大物経営者が表舞台から姿を消し、西武鉄道もトップの引責辞任へと追い込まれたのである。

西武鉄道の場合、逮捕され法的責任を追及されているのは専門経営者であり、オーナー・堤義明は社会からの批判に抗しきれず西武鉄道会長を辞任こそしたものの、利益供与事件への法的責任は免れている。西武鉄道グループと呼ばれる堤義明率いる企業グループは、持株会社コクドを中心とする企業集団である。堤は未上場企業コクドの株式の四〇・八パーセントを所有しており、そのコクドが西武鉄道の四四・七パーセント(実際は六四・八パーセント)の株式を所有している。コクドはこのほかプリンスホテルや西武ライオンズ球団の一〇〇パーセントの株主である。こうした資本関係からもオーナー・堤義明の絶対的な支配力は明らかである。オーナー企業においては経営トップの倫理的姿勢がすべてを支配すると言ってよいであろう。

では、コンプライアンス(法令遵守)経営の先進国のはずの米国で起きたエンロンやワールドコムに代表される会計不祥事から何を学ぶべきなのか。ストック・オプション(自社株購入権)制度を背景に株価を上げるために利益水増しの粉飾決算へと動いたのは、やはり最高経営責任者(CEO)や最高財務責任者(CFO)の倫理観に起因するものと考えるべきである。そして、監査装置であるはずの社外取締役がCEOに近い存在であったために、独立的な機能を持ち得なかったのである。さらに、監査料を上回るコンサルタント料を受け取っていた監査法人のアーサー・アンダーセンも会計監査のプロフェッショナルたり得なかったのである。

このようにトップが直接手を下している場合に限らず、一般に、トップの本音が企業風土として組織の内部を隅々まで支配する力学が働くものである。組織で働く社員たちはトップの本音を実によく知っていると見るべきで、その本音が集団規範となり、集団成員の行動を間違いなく支配するのである。

第四章で触れた山一證券の「背信の階段」と同じ構図を辿る蓋然性は、いかなる組織にも内在していると見なければならない。そして、その末路が自主廃業という最悪のシナリオであったように、反コンプライアンス経営のしっぺ返しはトップの引責辞任だけにとどまらず、企業の存立基盤そのものを根底から揺るがすことになるのである。

漏洩する「企業秘密」

集団規範によって身内の絆が形成され、その絆が強固であれば情報漏洩など起こり得ないはずなのに、守られるはずの「企業秘密」が身内の何者かによって密告され、漏れてはならない悪事がある日突如として暴かれる。

内部告発者の動機や内容は実にさまざまで、なかには内部告発の名に値しない職場や上司に対する個人的な不満までもが混在していることも事実のようだが、内部告発によって初めて暴かれる企業の不正があとを絶たないこともたしかである。従来であれば、通報者にとってはその集団への帰属意識を捨てる相当な覚悟がなければできないことであり、村の掟を破れば二度と村へは戻れなかったのである。

たとえば、民間でのその最たる実例としては、一九七四年にトナミ運輸のヤミカルテルをメディアと公取委に告発したK氏の三〇年間に及ぶ会社との闘争がある。業界ぐるみの違法行為に耐え切れず、会社の幹部に訴えたが聞き入れられず、告発に及んだのである。その後K氏は研修所に左遷され、三〇年間昇進・昇給がないという報復人事の憂き目に会った。K氏は現在も会社を相手取って係争中である。

しかし、時代は明らかに変化の兆しを見せている。最近の企業内の違法行為や隠蔽工作が暴かれる大半のルートは、この内部告発によっていると言われている。日本ハムの食肉偽装事件は、子会社関係者が行政当局に通報したという。東京電力のトラブル隠しは、点検請負会社に派遣されたGEの元社員が告発したとされ、ユニバーサル・スタジオ・ジャパンのレストランでの賞味期限切れ食材の使用事件は、元アルバイト従業員がマスコミに通報したと言われる。

このようなことは一昔前までは、わが国の社会・文化的な風土のもとではこれほど頻発することはなかったはずである。

一方、商法上は経営の監視役の役割を担っているはずの「監査役」が、もし企業内に不正行為があれば、マスコミや捜査当局に内部告発される前に、それを摘発するというコンプライアンス・オフィサーとしての役割を期待されていたのだが、皮肉なことに監査役が自社の不正行為を摘発したり、不正を暴いたりしたケースは皆無だった。しかも、そのための監査役の役割強化を意図した商法改正が幾度か繰り返されてきたにもかかわらず、何も変わらなかったのである。

こうなると、必要なのは監査役制度の改正ではない。こうして公益や消費者保護の立場からも、会社の不始末や企業内部の隠された違法行為を組織内の当事者が社会に開示することを支援する方向へと変わってきたのである。すなわち、行政や捜査当局への内部告発に対して、告発者保護を法制化する動きが現実のものとなり、米国、英国などに倣って、わが国においても「公益通報者保護法」が二〇〇四年六月の国会で成立し、二〇〇六年四月に施行される見通しとなっている。

経営者のコンプライアンスに対する意識変革は、もはや避けては通れない。企業自身が外部へ告発される前に組織内部で不正に対する自浄作用を目指すことも重要である。とくに経営者にとって、社内のいわば恥部を外部に告発されることは耐え難い屈辱のはずである。告発される前に、組織のなかで内部情報を吸い上げ、違法行為を早い段階で察知するか、あるいは未然に防止するための制度が求められてきたのであり、たとえば組織内部における自浄作用をサポートする「倫理ヘルプライン」はその役割を担った社内制度である。この種の「内部通報制度」が形骸化せずに機能するか否かは、すべてトップの本気度にかかっているのである。

2　企業倫理に対峙する経営者

先達に学ぶ

わが国近代資本主義台頭の時代をリードした実業家・渋沢栄一は、わが国に初めて合本《がっぽん》組織(株式会社)を導入、第一国立銀行、王子製紙、大阪紡績、東京瓦斯など五〇〇社に余る会社の設立にかかわった。一国の富の繁栄のためには、民間産業の発展が必要であるとして、経済面からの国づくりに励んだ。商工会議所、銀行集会所(銀行協会)など、経済界の組織づくりについても指導的役割を果たした。渋沢は利を求める実業家の人の道を説き、企業倫理の先達としても足跡を残している。

「論語と算盤は甚だ不釣合いで、大変懸隔したものであるけれども、私は不断にこの算盤は論語によってできている、論語はまた算盤によって本当の富が活動されるものである、ゆえに論語と算盤は、甚だ遠くして甚だ近いものであると始終論じておるのである」とは渋沢の持論であった。

己さえ利すればよろしいという利殖主義、利己主義は身を危うくする、すなわち「仁義道徳たる所の道理を重んずるという事は、並び立って相異ならん程度において初めて国家は健全に発達し、個人はおのおののそのよろしきを得て富んで行くというものになるのである」というのが渋沢の企業倫理思想である。

自らの倫理観として仏教の精神を経営に生かした経営者も少なくない。

住友の総理事として経営の近代化をすすめ、住友財閥中興の祖とされる伊庭貞剛の生涯は、「禅の修行」に尽きると言われている。住友の命運のかかった別子銅山の紛争収拾のために単身別子に乗り込んだとき、その懐には信頼する峩山《がざん》老師から贈られた『臨済録』を忍ばせていたという。公害への真摯な取り組みは、巨費を投じて製錬所を新居浜の沖合いの無人島に移転したあと、別子で大規模な植林事業に乗り出したことにあらわれている。

宮崎交通の創業者・岩切章太郎は、観光事業に乗り出した一九三一年(昭和六年)、経営破綻した日向中央銀行の整理を依頼された。人のやらない、行き詰まった仕事を引き受けるという自らの方針を守り、すすんで受けた。危機を乗り切れたのは、「心配するな、工夫せよ」という僧の教えに支えられたからだと言っている。また、再三にわたる中央からの誘い(たとえば、国鉄総裁への就任)にも、地方に生きるという自らの方針を貫いて受けなかった。岩切はその誇りを「一隅を照らす」という伝教大師の言葉を引いて語っている。旧制一高以来の友人で哲学者の谷川徹三は岩切の一生を「全く見事な生涯だった。若い時からふるさとをよくすることが生きがいだと言っていた。宮崎を日本一の観光地に育て上げたのは岩切一流の信念があったからだ。こういう信念の男は珍しい」と評している。

第二次大戦後の混乱期から脱け出してわが国が経済大国になろうとするころの財界をリードした石坂泰三(元経団連会長)は、財界総理の風格を漂わせて経営者にモラルを求めた。「人間の正札というものはなかなかつけにくい。人がつけてくれるのでも、一銭一厘あやまりなしというのは難しい。買いかぶられるのも不幸だが、過小評価やみきりだおされてもいよいよ不幸である。私はやはり一番の評価はモラルだと思う」という発言は、経営者の人物評価の最終的な基準を端的に示している。

「メンター」の存在

経営者とて特別な人間であるわけがない。心に迷いを持ち、日々葛藤のなかで己の弱さと向き合っているのが通常の姿だとしたら、経営者が己の行為を振り返り、人間的な資質を少しでも高めていく拠り所となる何かが必要であろう。

「メンター(mentor)」とは、キャリア開発上の指導者・支援者のことであり、いわば「心の師」を意味する言葉である。成功した多くの経営者には、自分に強い影響を与えたメンターが存在しており、自らのキャリア開発の上でも、企業の成長の上でも、優れたメンターを得ることが成功の鍵となっていることを検証した研究がある(合谷《ごうたに》美江「経営者のキャリアにおけるメンターの役割と影響」横浜市立大学大学院博士課程・未発表論文、二〇〇一年)。

この研究は、日本経済新聞に掲載された「私の履歴書」のなかで、一九五四年から八六年までの経済人のみ一六八人の履歴書をもとに分析を行なったものである。分析の枠組みとして、経営者のキャリアのタイプを、一つの企業でトップまで昇りつめた「生え抜き型」、キャリア途上で転職している「転職型」、家業を継いでいる「後継者型」、自ら企業を起こした「創業型」の四つに分類している。

分析の結果、これら一六八名の経営者のうち、実に一五二名、九〇・五パーセントの人たちがメンターの存在を認めていたことが明らかとなった。そして、「生え抜き型」と「後継者型」はメンターが社内に存在することが多く、メンターと数十年にわたって強い関係を構築し、良くも悪くもメンターと運命をともにしている傾向が見出されたという。「転職型」は、社外の経営者から引き抜かれたり、再建を任されたりという経歴の過程で社外にメンターが存在しているケースが見られた。「創業型」は、サラリーマン経営者ほどメンターの影響を受けている比率は高くないが、創業時に強い影響を受けたメンターの存在をあげているケースが見られたという。

メンターからの影響を受ける人を「プロテジェ（protégé）」というが、これほど多くの経営者が「プロテジェ」の経験を持っていることは注目に値することではないだろうか。

対象となった一六八名の経営者は、「私の履歴書」の執筆を依頼されるほどのいわば功成り名を遂げた成功者であるが、これらの人たちがプロテジェとしてメンターから強い影響を受けているのは、事業観、経営哲学、人生観、あるいは倫理観という人間としての根源的なスタンスの面であり、メンターに対する「尊敬」や「共感」という意識が際立っていたという。

プロテジェとしてメンターの強い影響を受けた実例として、次のようなケースが紹介されている。なお、プロテジェとしての経営者の肩書きは「私の履歴書」執筆当時のものである。

日立製作所相談役・倉田主税《ちから》のメンターは、小平浪平である。倉田は、小平の直接の部下であったが、日立創業者・小平の経営者としての強烈な信念に幾度となく感銘を受け、小平への信頼は絶対的であった。小平自身が専門経営者である日立の経営陣はすべて専門経営者であり、倉田はその小平の後継者であるが、倉田の世代は小平をメンターとする経営者の集まりと言っても過言ではないかもしれない。

伊藤忠商事会長・越後正一《まさかず》のメンターは、二代目伊藤忠兵衛である。越後は、伊藤に見出されて伊藤忠に採用され、その出会いが自分の人生を決定づけたものと受け止めている。

中部電力相談役・横山通夫のメンターは、松永安左ェ門である。松永に直接頼まれ、京城(現ソウル)で鉱山技師の責任者となり、松永の使い係のような役割を積極的に果たすようになるが、松永の理想に打たれ、そのスケールの大きさに感嘆している。

小田急電鉄会長・安藤楢六《ならろく》にとってのメンターは、東京急行時代の五島慶太である。安藤は、五島のもとで働ける幸せに感銘し、仕事に厳しいが情のある五島に対して命さえ惜しくないという思いを吐露している。

石川島播磨重工業会長・田口連三のメンターは、土光敏夫である。経営再建に乗り込んだ土光のもとで役員が全員辞表を提出するが、田口は一人残るように土光に言われ、土光体制で播磨造船所との合併のとき、これも断れずに副社長に就任している。メンターの土光は、自分の「私の履歴書」のなかで社長退任後の後継社長を田口に譲ることを述べている。

このように、経営者の多くは、経営哲学や価値観という自分の経営者としての生き方に強い影響を及ぼす心の師を胸中深くあたためているものである。それは当然、倫理観という領域にも及ぶものと思われる。心の支えとなるメンターの存在は、倫理観の醸成においても重要な役割を果たしているはずである。

経営者のインフォーマル・グループ

経営者にとってのメンターの存在は、組織のなかで上下関係を軸にキャリアのステップを歩むサラリーマン経営者にとくに多く見られることが明らかになったが、これに対して創業型のオーナー経営者の場合は、既成の組織のなかで特定の他者に導かれるという経過を辿ることは少ないということであろう。むしろ、状況の影響を撥ね除けて自らの強力な意欲で突き進むタイプのキャリア選択になるということである。

サラリーマン経営者は、一つの企業のなかで長年苦労をともにしてきた同僚や自分を引き上げてくれた上司（ときにはメンターである場合もある）たちとともにインフォーマル・グループを形成する（これが派閥になることもある）。こうしたインフォーマル・グループが経営者にとっても行動を規制する規範的グループの役割を果たすことがある。その規範が組織ぐるみの違法行為を助長する働きに結びつく危険については、すでに述べた。

オーナー経営者は、社内では特別の存在なので組織内の仲間集団からは疎外される場合もあり、どちらかというと彼らは社外に仲間を求め、同じ境遇にいるオーナー経営者同士でグループを形成しているケースが多い。こうした仲間の集まりがオーナー経営者にとっての規範的グループとなっていることがある。企業事件にかかわった経営者たちが、自分の身の処し方について相談したり、指南を仰ぎに行く相手は、オーナー経営者の場合は社内よりも社外に向けられやすいということだろう。

企業が窮地に追い込まれ、経営者として危機に直面したとき、社会的な規範からの逸脱を防止する制御装置となり得るものはあるだろうか。まさに「メンター」は心の支えとして機能することになるはずであるが、インフォーマルな人間関係や人的ネットワークも一定の役割を果たし得るのではないだろうか。

そこには経営的な利害得失の関係を超えた信頼と共感の関係が期待され、経営者の心理的安定や人間的成長に寄与しているケースも少なくないであろう。

3 「誠実な企業」と経営者

企業の社会的責任(CSR)と株主主権論

企業経営の新しい視点としてCSR(Corporate Social Responsibility＝企業の社会的責任)という考え方が急速に広まり出した。しかし、CSRという言葉だけが先に走り出しているという状況も否定できない。

たとえば、二〇〇四年四月に行なわれた日本経済新聞社主催のCSRシンポジウムで、東京大学経済学部・岩井克人教授が「CSRの考え方は、従来の経済学の枠組みには非常になじみにくい。とくに最近の主流である自由放任主義的な経済学の枠組みでは、CSRは無意味という議論が支配的だ。主流派経済学者の会社に対する基本的な考え方は、会社は株主のものでしかないという株主主権論であり、会社は株主のために利益を上げるマシン、物に過ぎないからだ」と発言しているのにはちょっと驚かされた。発言はさらにこう続く。「その点を明快に論じているのはミルトン・フリードマンだ。会社の唯一の社会的責任は株主利益の最大化で、それ以外のことをするのは無駄なコストであり、社会全体の効率性を損なう。もし株主が何らかの社会的責任を果たしたいのなら、配当利益の一部をそのために使えばいいという議論だ。こうした中で、会社自体にも社会的責任があるとするCSRの一般的なイメージを正当化するためには、従来の経済学の株主主権論的な考え方を何らかの形で逸脱する必要がある」(『日本経済新聞』二〇〇四年五月二四日)。

このシンポジウムの議論では、要するにCSRという考え方が燎原の火のごとく、あっという間に日本列島をなめつくして、CSRの一種のバブル状態になっているというのだ。経済産業省情報経済課長・新原浩朗はこう発言している。「CSR大いに結構、ぜひやるべしというが、ではCSRとは何かと聞くと明確な答えが返ってこない。CSRという横文字の言葉のために思考停止状態に陥ってしまっているようなところがある」というのだ。

振り返ってみると、こうした状況は戦後の企業経営の世界で繰り返されてきたのではないか。古くはヒューマン・リレーションズ、あるいはTQC(全社的品質管理)、リエンジニアリング(業務の根本的改善)、最近の人事分野でのコンピテンシーなどなど、省みると筆者を含めて、横文字の言葉のために思考停止状態を経験させられた経営者や専門家がどれほどいたことだろう。

しかしよく考えてみると、その概念が主張していることは決して間違っていないという合意がいつの間にか形成されて収まっていく、という経過を辿ったことが多かったのも事実である。

ＣＳＲという考え方も、まさにこれまでと同じような言葉の勢いがある。ＣＳＲというのは、要するに、企業経営というのは、その社会的責任が株主に対してのみあるのではなく、顧客、取引先、従業員、地域社会等すべてのステークホルダー（利害関係者）に向けられるべきだということなのだ。これは、これからの企業のあり方、あるいは企業経営のあり方として当然といえば当然すぎるのではないか。

これからの時代、すべてのステークホルダーの満足度を高めるスタンスへと舵を切り直さなければ、企業は市民社会から受け入れられなくなるということだろう。

このシンポジウムの終わりに、最初に株主主権論を発言した岩井克人は次のような所感で締めくくっている。「このシンポジウムに出席するまでＣＳＲのバブル現象をネガティブにとらえてきたが、きょう考えが少し変わった。私はＣＳＲとコーポレートガバナンスとは違うということを強調したが、それは、ある一つの会社だけが突出して環境にやさしいとか市民にやさしいことをやっても、個々の会社の利益に対しては必ずマイナスに働くということを意味する。しかしＣＳＲバブルによって多くの会社が同時に社会的に意味のある活動を目指すようになれば、それは長期的な利益を損なわずに、社会全体の市民社会度を上げることに貢献できるかもしれない」。

CSRという企業経営の新しい考えが、企業がよりよい市民社会、より成熟した市民社会をつくるための存在になろうとすることであれば、これはたしかに新しい資本主義の理想として心ある経営者の受け入れるところとなるであろう。

コンプライアンス経営

CSRという考え方が広まってきた背景の一つに、企業の違法行為や不祥事があとを絶たずに繰り返される状況がある。ある集団の士気(モラール)の水準は、その集団のリーダーの士気の水準を超えることができないのと同じように、ある企業のモラル(倫理)の水準は、その企業トップのモラルの水準を超えられないと見るべきであろう。

違法行為を繰り返す企業の経営者が、企業倫理においても遵法精神においても優れた経営者であるわけがないのである。経営者の本音がその企業の倫理観の表われであり、経営者が本気で取り組まなければ会社は何も変わらないということである。

CSRへの取り組みの一つが、コンプライアンス(法令遵守)経営である。企業が遵守すべき規範は、法律、条例、行政による規制などの法規範、社内ルール、業務マニュアルなどの社内規範、社会的な倫理規範等々いろいろある。なかでも司法による事後規制として刑事責任、行政責任、民事責任などの法的責任を問われる違法行為を犯せば、その企業は反社会的企業という烙印を押されることになり、同時に経営者は犯罪者として法の裁きを受けなければならない。

コンプライアンス経営は形式的には至極当然というのが今日の企業の姿であるにもかかわらず、何ゆえに企業の不祥事がなくならないのか。理念という建前と企業活動の実態としての本音の間に乖離が存在しているのが企業社会の真実の姿だということである。

コンプライアンス経営とは、この乖離を埋めるための法令遵守の仕組みを全社的レベルで構築し、「誠実な企業」としてその実践に取り組む体制をつくりあげる経営を意味する。

営利の追求という企業の第一義的な目標と、コストと人と時間を割いてコンプライアンス体制をつくることとは相容れないという現実が続く限り、建前と本音の乖離は解消せず、違法行為は必ずどこかで噴き出すことになるが、コンプライアンスの徹底は企業存続のための必要条件であり、企業の利益に合致するという考えが浸透すれば、この乖離は埋められるはずである。

コンプライアンス経営をすすめる過程で、経営トップはコンプライアンスの必要性に納得するが、第一線の現場が困惑するという議論がある。だが、これはむしろ逆で、経営トップが納得し本気で取り組むことが先で、そうすることがコンプライアンス・ポリシーを社内に浸透させる大前提なのである。

本音と実態の乖離とは別に、企業の遵守すべき法令とビジネス上の取引の実態との間に乖離が存在するのも問題である。たとえば、高度成長期に独禁法という法律のもと、法令上はカルテルが規制されていたにもかかわらず、実際にはカルテルが経済社会全体に蔓延していたのである。また、「官製談合」と呼ばれる、法令に反した入札によらない受注が常態化しているのも、法令と実態の乖離である。

このような問題の解決も含めて、企業にとって利潤追求と法令遵守が一致する環境を整備する「フルセット・コンプライアンス」の考えが出てきている。たとえば、社内のコンプライアンス体制が機能することであぶり出される企業内の違法行為に対する捜査当局との協力関係や取引先との利害を調整するための方策など、関連するさまざまな問題を同時に解決するシステムが考慮されなければならない。

しかし、「誠実な企業」の第一歩は、経営者の意識改革にあり、企業の倫理・法令遵守に経営者が本気で取り組むことがコンプライアンス経営の原点なのである。

誠実な経営者

人も組織も倫理的に完璧であるわけがない。ましてや生き馬の目を抜く競争社会で勝ち組に残るために日々戦いが続くのが企業経営者の現実の世界である。資本主義そのものが、経済的な成果や効率を追い求めるあまり、人間の持っている精神性を軽んじさせる病弊を本来持っているのではないか――、筆者はそういう思いに駆られて、そうした疑問を幾人かの経営者にぶつけてみたことがある。

筆者が人事測定研究所(現ＨＲＲ、二〇〇四年一〇月よりリクルートマネジメントソリューションズ)代表取締役であったころ、竹内敏雄・クレディセゾン代表取締役社長(当時)と対談した機会があったが、そのとき筆者の問いかけに次のような深みのある言葉が返ってきたことを思い出す。

「もしかすると、資本主義そのものが人間の志といった精神性を軽んじたり、失わせてしまうものなのかもしれません。思えば、明治維新を実現したあの時代のリーダーたちは、けっして上級の学校を出ていたり、高い教育を受けたという人たちではなかったのですが、ただ一つ、儒教の教えだけはきちんと学んでいました。その体にしみこんでいた儒教の教えがあったからこそ、高い志を掲げてあのような大きな仕事を成しとげることができたのでしょう。欧米などキリスト教文化圏でも、たとえば最近ではどんどん教会に通う人が少なくなってきていると言われています。では、宗教や道徳的な教えという精神世界に代わって、資本主義経済が私たち人類にもたらしてくれたものは何だったのか。それはエイズだったり、麻薬だったり。これが資本主義のシンボルだとしたらあまりにもさびしい。私たちは今、ある意味で精神性や道徳性を滅ぼしてしまいかねない暴れ馬を扱っているのだ、ということをもう一度思い起こさないといけないのではないでしょうか」(『HRRメッセージ』第九号、人事測定研究所、一九九二年)。

・学者や宗教家の言葉ではなく、現実の熾烈な金融業界でさまざまな問題に直面している現役の経営者の思索の軌跡に接して、いま思い起こすと企業者の倫理の原点はこうした思索のなかから湧き上がるものなのではないかという感を強くしている。

真に「誠実な企業」はおいそれと簡単にでてくるものではないのではないか。

しかし、現実の企業社会で「企業の社会的責任(CSR)」の次元で「誠実な企業」の実現を考えるとき、近年確実に広まりつつあるという「社会責任投資」の動きには注目する価値があるように思う。

社会責任投資とはSRI(Socially Responsible Investment)の邦訳であるが、消費者も市民も企業を厳しく見つめる時代的流れのなかで、投資家がビジネス社会を変える方向へ一歩踏み出し、それが誠実な企業を応援する継続的な力となるような仕組みとして動き出したものと言えよう。

ＳＲＩが目指すのは、企業を倫理・法令遵守、環境対策、透明性などの観点から評価し、それらの点で評価の高い、市民社会から歓迎される企業への投資活動を応援することである。

これまでは「誠実な企業」は、談合やカルテル行為に参加すれば利益につながることがわかっていても経営者の倫理観を優先して参加を辞退した「正直者」の企業であった。誠実に倫理・法令遵守に取り組んでも、社会が評価するどころか冷ややかな目で見られるのが落ちだったのである。しかし、世の中の価値観はたしかに変化してきたと言ってよい。

企業から提供されるデータをもとに、信頼に足る中立的な評価機関が企業情報を提供することでＳＲＩファンドが機能する仕組みが動き出しているのである。

第七章　経営の継承と経営者の引退

1　家族企業における経営の継承

企業の生成・発展の過程は、経営の継承の過程でもある。家族企業が営々と家族あるいは親族へと引き継がれるケースもあれば、同族経営から脱皮して経営者企業に生まれ変わる場合もある。また創業者企業が経営の規模を拡大する過程で、専門経営者の協力を得て経営者企業に発展していく場合もあれば、世襲を成功させて所有者家族企業として継承を続ける企業もある。

家族企業における継承の危機

創業者企業が家族企業として存続するためには、家族メンバーのなかに継承者を確保することが必須条件である。とりわけ男子の世襲者を確保できることが慣習として望まれることになるが、これが想像以上に難しく、この問題でつまずく家族企業が少なからず見られる。

真珠王として世界に名を成した御木本幸吉を創業者とする御木本家は、家族への継承の過程で大きな試練に遭遇している。御木本は志摩半島において、一八九三年(明治二六年)に半円真珠、一九〇五年(明治三八年)には真円真珠の養殖に成功して事業を拡大、日本有数の資産家となるが、真珠養殖の協力者でもあった妻うめが、三歳になる唯一の息子・隆三を残して亡くなった。幸吉は以後、正妻をめとらず後継者たる隆三の教育に注力するが、一高から京都帝国大学文学部に進学した隆三は、次第に学問の世界へ傾き、河上肇の薫陶を受け、ジョン・ラスキンの研究に没頭するにいたった。幸吉の期待に反し学生結婚した隆三は、その後ラスキン作品のコレクションとラスキン文庫(喫茶店)などで高利貸から借金を重ね、ついに幸吉は隆三に対して準禁治産処分を行なうにいたったのである。ラスキン文庫(株式会社ミキモトの筆頭株主)は現在も東京・築地に存続しているが、幸吉は事業の後継者を失うことになる。しかし、その後、隆三の長男・美隆に後継者としての帝王学の教育を施し、美隆は慶応義塾大学卒業後、祖父の後継者となり、御木本真珠店の社長になるのである。

起業家として自ら新しい事業を立ち上げ、一代で成功の舞台に駆け上がった創業者が、強烈な個性の持ち主だったり、著しく独裁的な経営者だったりするのは珍しいことではないが、その経営的才覚には並々ならぬものを漂わせる場合が多い。これに比べ、その事業を受け継ぐべき二代目の家族経営者は、自分の意志とは無関係にこの世に生を受けたときから運命づけられた境遇をどう受け入れるかの選択から始めなければならず、経営力があるかないかはその次の問題になるのである。

そのことを自覚した創業者は、後継者の立場の限界を認識して経営の継承を世襲とは別の途に求めるようになる場合がある。経営史家・森川英正は、家族企業から経営者企業へ移行する場合、創業者が後継者の限界を早めに認識して専門経営者にトップマネジメントを委譲するケースと、創業者家族が経営業績を維持することができずにやむなく委譲するという二つのケースがあることを指摘している。

家族企業の継承と分割

先に触れた松下電器産業の場合は、敗戦後の占領政策下において松下家の持ち株を放出させられたこともあって、親分肌の井植歳男が三洋電機を創立したことが松下・井植両家の関係に問題を残さなかったと言えるかもしれない。また、ブリヂストンの石橋家の場合も、地下足袋事業で成功した石橋徳次郎・正二郎の兄弟が、正二郎によるタイヤ事業への進出をめぐって争うことはあったとされるが、兄弟の話し合いで二つに事業をすっきりと分割し、持ち株も清算しあった結果、両家はその後、独立的な途を歩むことになったのである。

さらに、大規模化した家族企業でありながら、創業者の没後、兄弟の確執を回避して発展的に企業を分割した例として、森ビルの事業分割のケースをあげることができる。

創業者・森泰吉郎は、現在の第二森ビルがある東京市芝区芝南佐久間町(現港区西新橋)で米屋を営む傍ら家作を持つ森磯次郎の次男として生を受けた。泰吉郎が一九歳のとき関東大震災を経験したが、当然、森家も大きな被害を受けている。この当時、泰吉郎は父親の家主という家業を必ずしもよく思っていなかったという。東京商大(現一橋大)を卒業し学者の途を選んだ泰吉郎は、そのころ京都高等蚕糸専門学校(現京都工芸繊維大)で教鞭をとっていたが、呼び戻され、今度は横浜市立経済専門学校(現横浜市立大)で教授となる傍ら、家業の家作や財産管理を手伝うようになっていた。このあたりから今日の森ビルの不動産事業がスタートしているのである。

磯次郎が米屋を創業した三五坪ばかりの土地にビルを建てるなど、不動産事業をスタートしたものの、泰吉郎は横浜市大の商学部長として忙しく、次男の稔に仕事を手伝うようにもちかけたのである。このとき(一九五六年ころ)、森稔は作家を志す東大二年生だった。稔は当時のことを振り返って「最初から事業部長の肩書きだったが、アルバイト感覚でやってみることにした」(小沼啓二『森ビル・森トラスト――連戦連勝の経営』東洋経済新報社、二〇〇二年)と言っている。創業者は父親・泰吉郎であったが、創業当初から実は稔が実務を取り仕切っていた節がある。その後、泰吉郎は大学を辞めて社長業に専念し、稔は専務として活躍、三男の章は慶応義塾大学を卒業後、安田信託銀行を経て森ビルに入り、経営に加わった。

実質的な創業者は、泰吉郎ではなく、稔と考えた方がよいのではないかと思われるほど稔は創業当初から父親を助けていたが、この両者の間には事業方針をめぐってそれなりの対立や確執があったと見られる。泰吉郎は結局、最後まで社長の座を稔に譲ることはなかった。

今日の「六本木ヒルズ」の開発にいたるまで、アークヒルズ、御殿山ヒルズ、城山ヒルズなど港区を中心に都心の大規模開発事業を次々とすすめてきた足跡は周知のことだが、一九九三年、泰吉郎は八九歳で他界した。二人の兄弟はもともとは兄・稔が開発・企画を、弟・章が財務を担当する役割分担だったようだが、父親の生前から将来の事業分割を予想して森ビル・グループの主要な二つの会社、森ビル(株)と森ビル開発(株)に事業を分けて、前者を稔が、後者を章が担当するようになっていた。

そして、泰吉郎没後、直ちに森ビル専務だった稔が代表取締役社長に、常務だった章が、それまで稔が社長だった森ビル開発の社長に就任する人事を発表した。章はその間の事情を「兄はトータル森ビルとして港区を中心に街づくり、都市再開発などの長期の仕事をやってきた。私は財務や再開発事業にしても中期の仕事や観光事業などを複合的にやってきたので、長期的な開発事業を行なう森ビルを兄が、中期的な事業を実施する森ビル開発は私が、という自然の流れだった」(前出書)と説明している。森ビル開発はその後、森トラストと社名を変えているが、事業分割の基本的なコンセプトは変わっていない。実質的には経営者機能が稔を中心に委譲され、上海プロジェクトや六本木ヒルズなどの事業計画もほとんど稔主導ですすめられていたことが、継承がスムーズにすすんだ最大の理由だったとみてよいであろう。すなわち、創業者の生前から、実態としては、すでに稔主導のもと二人の兄弟の会社になっていたと見るべきであり、その後の事業の継承には兄弟二人がお互いの持ち味を生かしながらすすめる方策を粛々と取り決めたということだろう。

森ビルという家族企業は、創業者が絶大な事業家的能力でつくり上げた企業を家族が引き継ぐという創業者企業にありがちな継承ではなく、後継者である稔が創業当初から経営実務を担い創業者を助けて森ビルを築き上げたという実績が、円滑な経営の継承を可能にした最も大きな要因だったと思われるのである。

家族企業における人材の確保

創業者家族のなかからトップマネジメントとしてふさわしい人材を確保することは、相当な難題であることは論を待たない。だからこそ専門経営者が進出する余地があり、さらに経営者企業へと発展していくことになる。しかし、一方で創業者家族のなかから後継者を選別・確保するために独自の努力を続ける企業も存在する。

一九一七年(大正六年)に醬油醸造業者として設立された野田醬油株式会社が現在のキッコーマンの前身であるが、キッコーマンの同族経営を支える家族は、茂木姓の六家と高梨兵左衛門家と堀切紋次郎家の計八家がその中核をなしている。そして、キッコーマンの最高経営者は、これら同族家族のなかから互選によって選ばれるという仕組みが最近まで続いていたのである。この互選にあたってはもちろん選抜の基準があり、候補者について識見、能力、人格の観点からトップマネジメントにふさわしい人物か否かの検討がなされて、早い時期にその決定がなされるという。

しかし、二〇〇四年六月にトップの交代があり、一〇代目社長・茂木友三郎の後を継いで、一一代目社長に初めて同族以外から牛久崇司が就任した。

2 世代交代と経営改革

後継者による事業改革

筆者の教える産能大学大学院でビジネス経験を持つ三〇代から五〇代の大学院生に「尊敬する経営者」についてのレポートを求めたところ、一九九六年以降圧倒的な支持と人気を博した経営者は、ヤマト運輸前会長の小倉昌男であった。

小倉の父親・小倉康臣が一九一九年(大正八年)に創業した大和運輸は、一九二三年(大正一二年)に三越百貨店(当時、三越呉服店)との間に市内配送契約を締結して以来、三越を最大の顧客とする配送業者であった。

ところが、一九七二年、三越の社長に岡田茂が就任してから状況がすっかり変わってしまった、と小倉は述べている(小倉昌男『小倉昌男の経営学』日経ＢＰ社、一九九八年)。売り上げ至上主義の岡田は、出入りの業者であるヤマト運輸に対して理不尽な押し売りを強要するようになる。高価な家具や時計、ロシアから輸入した絵画、三越主催の高価な海外旅行……。さらには三越創業三〇〇年記念の式典にお祝いの清酒三〇〇本の目録を届けたら、現物は持ってこなくてもよいから外商の売り上げにのせるように、と言われたという。

こういった例は挙げればきりがなく、許せなかったのは本業で受けた数々の理不尽な扱いのために、三越の業績が回復する一方で、ヤマト運輸サイドの三越出張所の収支が赤字を計上するに至ったことであった。

五〇年以上にわたる長い取引とその間に受けた恩義を考えると、契約の解除は避けるべきかも知れないと思いながら、経営者として大きな赤字を放置することはできず、父親によって始められた最大の顧客との訣別を、小倉は決断するにいたったのである。

この決断は一九七九年のことであったが、一方で、小倉は一九七六年から宅急便事業をスタートさせていた。数々の試練に立ち向かいながら、当初、業界では採算に乗せるのは常識的には全く無理と見られていた宅急便事業へと大きく舵を切り換えたのである。

個人宅配市場にターゲットを絞るという小倉の考えに対しては、役員全員が反対であったという。しかし、小倉は宅急便事業が軌道に乗るまでは「サービスが先、利益は後」を合言葉に、第一線のドライバーを中軸に「全員経営」を目指して宅急便の全国ネットワークの構築や情報システムの整備をすすめ、事業を飛躍的に伸ばしていった。その小倉の前に立ちはだかったのは、時代遅れの規制行政の壁であった。

この監督官庁との闘いも、規制が不合理で理不尽なものであればあるほど、小倉を奮い立たせるものであったのだろう。何よりも顧客の支持、市場という味方がなければ勝ち目はない勝負であったが、小倉はこの闘いにも粘り強く立ち向かい、見事に宅急便事業の市民権を勝ち取ったのである。

創業者企業において凡庸な後継者が創業者の成功を食い潰すという事例が決して少なくないなかで、経営者の世代交代に伴って後継者が先代の経営者を乗り越え、事業改革を見事に成就させた事例としてヤマト運輸から学ぶところは少なくない。

「老害」と「若害」

経営者の世代交代は、一般論としては老人の跋扈を未然に防ぎ、実力と可能性に溢れた若手を果敢に抜擢するところにその要諦があるはずであるが、バブル崩壊後の一〇年、企業の不祥事の末に有力経営者が次々と退陣し、そのあとに当人にとってはほとんど準備のない予期せぬ経営者が登場するケースを目の当たりにすることが多くなっている。

たとえば、金融界のこの一〇年間の変貌はだれが予想し得たであろうか。日本長期信用銀行、さらには日本債券信用銀行の破綻に続いて、日本興業銀行および都市銀行があっという間に四つのメガバンクに再編されてしまった。そのほかにも名前を聞いただけでは以前は何銀行だったのか分からない外資系の銀行や地方銀行など、その変わりようにはただただ驚くばかりである。

生保業界、損保業界、そして証券業界も、それまでの名だたる会社が消え去り、その地図は大きく塗り替えられている。

当然、そこでの経営者もすっかり入れ替わっているわけで、従来の安定した組織のなかでの昇進人事とは比べようもない経営者の世代交代が行なわれたのである。

また、新興分野での若手の経営者の活躍も、これまでには見られなかった経営人脈を生み出している。店頭株式市場で次々に登場する新興企業のオーナー経営者は、少なくとも従来の経営者とは違ったスタイルの経営者像を世の中に送り出している。

経営者の「老害」とは、高齢に達したトップがその座に居座り、後進に一向に道を譲ろうとしないことによってさまざまな経営的弊害を招く状態のことだが、こうした経営者の老害に歯止めをかけることを目的に役員の定年制度を設けている企業も多い。

老害が起きやすいのは、一般的には創業者企業のオーナー経営者ということになる。とくにカリスマ性を備えたワンマン創業者は、よほど本人が見識をもって謙虚さと自制心を発揮しない限り、自分にとって居心地のよい人事に走りがちである。結果的に「裸の王様」になり、周囲が戦々恐々として「だれが猫の首に鈴をつけるか」という状況に陥りやすい。時代錯誤の企業の私物化や人事の専横などの独裁色を強める病弊をも招きかねないものである。こうした老害の防止にこそ、最高経営責任者の経営執行に対する監視・監督としてのコーポレートガバナンス機能が働かなければ意味がないのだが、創業型オーナー経営者へのガバナンス装置を機能させることは極めて困難なことと言わざるを得ない。

その一方で、経営者の「若害」という問題は、老害ほどには深刻に受け止められていない。若害とは、必要な社会的経験が不足なままに、機の熟さぬうちに経営者の重責を求められることによってもたらされる経営的な弊害を意味する。そして、この若害には三つのタイプが存在すると見られる。

第一のタイプは、トップに立つには早すぎる時期に突然その役割が任されたために、社内的にも組織を掌握しきれないばかりか、社外からも信頼を得られず、企業の弱体化を招き、さまざまな問題を露呈するケースである。本来、力量的にも適任でない人材である場合は、企業に与えるダメージは少なからぬものがある。不祥事で次々と有力経営者が引責辞任したあとを受けて、明らかに準備不足の後継者に受け継がれた九〇年代後半の銀行や証券会社の経営者に、この若害の事例が見られた。

第二のタイプは、トップをはじめその企業自体が未熟なために、経営者の判断基準にも若さが目立ち、ときに取引先や消費者の常識から乖離した企業の行動が見られるなど、社外から顰璧を買い、社会的な信用を失うケースである。新たな分野で急成長する新興企業に、この事例がよく見られる。

第三のタイプは、オーナー企業において創業者を継いだ若輩の二代目経営者に経営者能力が不足しているケースである。世襲に固執する同族企業に起こりがちで、経営者能力の不足が若さに起因する場合はまさに若害に該当するが、人選そのものに難点のある場合は、より深刻な問題へと発展することになる。

自らの意志でトップの立場につく若年起業家は、当然、自分の能力や身の丈を超えた企業のトップにはなり得ないので、若害は起こりにくい。しかし、一定の「社格」を備えるにいたった企業になると、トップの役割を果たすにはその社格とバランスのとれた要件が求められるということだろう。

しかし、松下電器産業において平取締役の末席にいた山下俊彦を社長に抜擢したいわゆる〝山下跳び〟のような例は、たとえ一時的にバランスを欠いたとしても、若害にはあたらない。実力主義を貫いた抜擢人事は、若害とは無縁とみるべきであろう。

3　リクルートにみる経営者の世代交代

江副浩正による創業

ここで、筆者の直接経験に題材を求めることをお許しいただき、リクルートにおける経営者の世代交代の事例をとりあげてみたい。

リクルートは、「戦後、東大の生んだ最大の起業家」とまで言われた創業者・江副浩正によって、一九六〇年に始まった企業である。江副が学生時代にかかわった東大新聞の広告業務の成功をもとに、卒業と同時に全国の主だった大学新聞の広告総代理店「大学新聞広告社」をスタートさせたことから始まっている。世の中はそれまでの就職難の時代から求人難の時代へと移り変わる転換期にあり、大学新聞に求人広告の掲載を取り次ぐ広告代理業務は順調に拡大し、それがやがて求人広告だけを一冊の本にするという新たな発想の求人情報誌『企業への招待(リクルートブック)』の誕生へと発展したのである。

その後、求人広告情報誌の成功を足場に、進学、住宅、旅行、自動車等々、情報誌事業を水平的に多角化するとともに、求人情報誌に次いで二番目に始めた人事測定事業を人材開発、組織開発事業へと拡大、さらに人材斡旋、人材派遣などの人材関連事業をグループ企業で展開していった。

情報企業にとってオフィスは、いわばメーカーの工場の役割を果たす。リクルートにとって自社ビルの建設は極めて戦略的な意図があり、企業の成長を先取りするテンポで自社ビルを増やしていった。これはたとえば人材の採用に画期的な力となるなど社会的信用を増大させ、さらにビルの取得に必要な借入金をはるかに超える含み資産をもたらすなど、企業の体力増大に確実に寄与するところとなった。そして、自社ビル戦略の隣に不動産事業があり、その関連で金融事業へと進出していった。また、岩手県でのスキー場、ゴルフ場、ホテルなどのリゾート開発にもつながるものであった。

さらに、一九八〇年代半ばに通信事業に参入したころは、いま振り返ると経営者・江副に対する経済界の評価が最も高かった時期と言えるだろう。

この間のリクルートの経営を担ったのは、創業者・江副を中心とする同世代の経営陣であり、創業者グループと呼ばれるのは、オーナー江副と鶴岡公《ひろし》、田中寿夫《ひさお》、森村稔、池田友之、それに筆者を加えた五人の専門経営者であった。その後、位田尚隆、真石博之が中途入社して経営陣に加わった。

創業当初は必ずしも企業家として本腰を入れていなかった(いずれは高校の化学の教師になりたいと言っていた)江副が、内面的な葛藤と闘いながら次第に自らの経営的才覚に目覚め、経営者として大きく成長していく過程をともに歩んだのだが、筆者は、自らの担当事業である人事測定事業(テスト事業)を人事教育事業に拡大させる一方で、江副の女房役として管理部門全般を担当するようになっていた。

事業の成長は確実に人を育てるものであり、江副とともに筆者を含めた専門経営者たちも数々の試練を経ながら、それぞれところを得てリクルートの成長を支え続けた。お互いの価値観や能力を確かめ、ときには経営のリスクを共有する貴重な機会が、「じっくりT会議」(Tは取締役の略)と称する泊まり込み役員会であり、江副の先導で開発途上の岩手県安比《あっぴ》にもよく出かけた。

組織活性化と経営者育成

また、経営者としてのお互いの成長を支えたRODシステム(リクルート組織活性化システム)という研修の仕組みは、特筆すべきものと筆者は考えている。

これは、リクルートが自ら開発した人事教育事業の自社商品でもあるが、すでに第三章および第五章で述べたように、経営者に求められるリーダーシップ行動(六つの機能)がどの程度発揮されているかを三六〇度評価システムによってとらえ、そのデータを相互に開示しながら率直なグループ討議によって相互研鑽を行なう教育プログラムである。

江副自身も「私がリーダーシップを強めていったのはRODに負うところが大きい」と言っているが(江副浩正『かもめが翔んだ日』朝日新聞社、二〇〇三年)、他者に映った自分の姿と対峙しながら、お互いの自己変革にかかわるこの研修に真摯にかつ継続的に取り組んだのであった。そして、階層別教育システムに拡大したこの研修を全社員が受けるようになり、リクルートの組織活性度を高める仕組みとなったことはもちろんだが、組織における次のリーダー、さらには経営者を見つける格好の人事システムとしても機能するところとなったのである。

つまり、RODシステムによるリーダーシップ・サーベイとその研修を通じて、マネジャー全員の影響力の実態が手にとるようにわかるのである。もちろん、そのまま人事決定につながることはないが、次の経営者育成にどれほどの効果を生み出したか計り知れないものがある。第二世代以降のリクルートの経営者は、例外なくこのフィルターを通り抜けた人たちである。

企業家的能力に優れたワンマン型のオーナー経営者は、自らの事業ビジョン達成のために管理能力に長けた専門経営者を周辺に配する傾向があるが、江副はスタッフ型の専門経営者を必ずしも評価しなかった。リクルートで江副に企業家的才能を見出され、リクルートが岩手県から依頼された盛岡グランドホテルの再建に派遣されたのが、高塚《こうつか》猛である（筆者も、高塚が盛岡グランドホテルに派遣された当初、リクルート側の担当役員として現地との橋渡し役を務めた）。当時、高塚は弱冠二九歳の中間管理職であったが、開業以来赤字体質の続いた盛岡グランドホテルをまたたく間に高収益ホテルに再建したのは、彼の事業家的才覚と辣腕のリーダーシップの賜物であった。その能力は、後年リクルート会長に就任した中内㓛の目にすぐさま留まるところとなり、中内はダイエーグループのお荷物企業の一つであった福岡ドーム球場とダイエーホークス球団の再建を高塚に託したのであった。そして、こちらも就任三年後に年間観客動員数三〇〇万人というセパ両リーグを通じて初めての快挙を成し遂げた。高塚の企業家的才能はだれしも認めるところだが、一方で組織に異物が混入したように波風の立つ存在であることもたしかである。

同じく、リクルートグループで江副に育てられた異能の企業家型専門経営者として、リクルートコスモス社長の重田里志をあげることができる。バブル崩壊後、ご多分にもれず同社の不良資産と過大な借入金がグループ経営に重荷となってのしかかったが、リクルート本業とは畑違いのマンションディベロッパー事業の現場を同社創業当初から知り尽くした重田を再建社長に抜擢したのである。当時、重田は四二歳であったが、苦しい仕事は他人に任せず必ず自らが泥をかぶる経営姿勢と緻密な論理型経営で見事にリクルートコスモスを復活へと導いている。

世代交代を加速させたリクルート事件

リクルートにおける経営者の世代交代を一気に促進させる契機となったのが、一九八八年に始まる「リクルート事件」であった。この事件は、リクルートが関連企業リクルートコスモスの株式を公開するにあたって、政・財・官界の要人に未公開株を譲渡したことが、政界を巻き込んだ贈収賄事件として刑事責任を問われた事件であった。東京地検特捜部の強制捜査とともに連日のマスコミ報道に晒された企業のイメージは音を立てて崩れ、リクルートは存立の基盤を揺さぶられる日々が続いた。

これは企業の違法行為が問われた事件であり、法的に罪を問われた主役の江副のみならず、創業者グループのほとんどの役員に対しても未公開株譲渡の被疑者として厳しい取調べが入った。しかし、江副を除く創業者グループのなかから逮捕者が出ることはなかった(創業者グループの役員の関与はなかった)。江副が公判では贈賄の意図を否定して無罪を主張し続けたように、法的に争う理由は存在したかもしれないが、政界においては竹下内閣を退陣に追い込むなどの政治不信を招き、労働・文部官僚トップの辞任、さらには財界要人（江副と親交のあった経営者）も表舞台から姿を消すなど、問われるべき責任はあまりにも重かった。法廷では争いながらも、江副は償いきれないその罪を何度も詫び続けた。

しかし、創業オーナーとともに長年経営を支えた筆者を含めた専門経営者が江副の暴走を止められなかったという現実は、その責めを重く受け止めなければならないと筆者は考えている。事業の多角化と急成長の過程で、リクルートは企業力と信用を急速に高め、江副に対する社外からの評価も急上昇したばかりか、経済界のみならず、政界中枢とのつながりも浅からぬものとなっていた。経営における江副一人の影響力が強大なものとなり、そうした状況が「人」を変えたということだろう。経営者としての日常の行動も、かっての江副からはかけ離れた独善性や尊大さが時おり見られるようになっていたことは否定できない。

この事件の裁判は、一四年の長きにわたり二〇〇三年三月に第一審の有罪判決がすべて確定して終結を迎えたが、この事件報道を契機に、創業者・江副は早々に会長を辞任した。

江副退任後、二代目社長に就任したのは位田尚隆であったが、事件の後バブルの崩壊に伴って関連企業リクルートコスモスおよびファーストファイナンスの過大な有利子負債がリクルートの経営に大きな負担となってのしかかった。これはいわば江副経営の遺した〝負の遺産〟であり、この膨大な有利子負債(一時は一兆八〇〇〇億円)の返済を最優先する経営施策をとらざるを得なかった。そして、その再建策に関連して江副が自らの保有するリクルート株の大半をダイエー・中内㓛に譲渡し、このことが事件に続いてリクルートを揺るがす混乱を引き起こす事態を招いたのである。この間のリクルートコスモス再建をめぐる動きは江副の自著『かもめが翔んだ日』(前出)に詳しいが、一九九一年から九二年にかけてグループ再建問題を審議する「グループ最高経営会議」が設けられた。構成メンバーは、江副浩正(リクルートグループ特別顧問)、位田尚隆(リクルート社長)、奥住邦夫(リクルート財務担当専務)、河野栄子(リクルート事業担当専務)、亀倉雄策(リクルート社外取締役)、および筆者(リクルートグループ社長会議長)の六名であった。

高収益を維持した後継世代

事件以後のリクルート本体の経営は、幸い江副経営のプラス面の置きみやげである情報誌事業を中心とするビジネスモデルの収益と類い稀な組織活性度に支えられ、位田の率いる第二世代以降の経営陣の努力によって高業績を維持し続けた。その収益はすべて有利子負債の返済にあてられたが、さらにこれまで建てた自社ビルも、本社ビルを除いてほとんど売却せざるを得なかった。

いわゆる不良債権の処理が遅々として進まなかった日本経済のなかで、リクルートはこの一〇年自らの収益と思い切った資産の圧縮策によって、負の遺産である有利子負債を当初の計画を上回って返済し、健全な財務体質をほぼとり戻しつつある。しかし、その間に払った犠牲もあまりにも大きすぎたと言わざるを得ない。

その犠牲とは、先端的な情報企業としての夢のある創造を可能なかぎり将来性のある若手社員に期待して展開するという経営施策がまたたくまにトーンダウンし、その結果、一人ひとりの社員の成長を重視する「個性尊重」の経営体質までも変質させてしまったことである。

その何よりの証拠が、有能な社員の社外流出という現象である。リクルートの活気溢れる社風や自発性の限りなく高い先輩社員の生き生きと働く姿に惹かれ、夢を抱いて入社した優秀な社員が、経営体質の変化を鋭く嗅ぎ取り、次々とリクルートを離れていった。それらの社員のなかにはリクルートを去ったあとベンチャー企業を立ち上げて成功した若手経営者も少なからずいるし、iモードの松永真理(現バンダイ社外取締役)、東京・杉並区立和田中学校校長の藤原和博など新たな分野で才能を開花させ活躍する事例も枚挙に暇がない。

しかし、負の遺産の処理が計画を前倒しして進められたことは、リクルートのさらなる復活の何よりの条件が整備されてきたことを物語っている。かつてのリクルートらしさを取り戻して再びビジョナリー企業として上昇に転ずる可能性は十分に残されていると、筆者は見ている。

いずれにしろ、経営者の世代交代がこれほどドラスティックに進行した企業は珍しいのではないか。われわれ創業世代のみならず、その一回り若い世代も早々に退いており、現在の経営陣はわれわれに比べて二世代以上は若返っている。

二代目社長の位田尚隆は就任直後に事件に突入し、信用回復と業績の維持に全力を傾注して有利子負債の返済を急ピッチで推し進め、三代目の河野栄子にバトンタッチした。河野は利益最優先のリストラ策を徹底した経営を貫き、高収益を維持したプラス面は評価されるが、リクルートらしい成長戦略やグループ内での求心力や相互信頼に難点が多すぎた。

二〇〇三年六月、四代目社長に四五歳の柏木斉《ひとし》が就任した。柏木は、江副時代に新卒で入社し、人事部採用担当から秘書室に移り江副の直接の薫陶を受けたのち、事件後は高木邦夫(当時リクルート専務、現ダイエー社長)のもとで有利子負債の圧縮等、財務体質の改善に力を発揮した。いまリクルートに望まれるのは、創業世代を凌駕する企業家的才覚と責任能力のある変革型リーダーなのだが、待望された本命の登場に、周囲からは大きな期待が集まっている。

4　経営者の引退

経営者の出処進退

いかなる経営者も必ず引退のときを迎える。そして経営者にとって自らの引退と後継者への引き継ぎこそ究極のテーマなのである。しかし、その引退の様相は実にさまざまである。

ソニーの二人の創業者、井深大と盛田昭夫の引退には経営者としての生き方がそのまま映し出されている感がある。井深は六三歳のとき恬淡と社長のポストを退き、五年後には代表権のない取締役名誉会長にまで退いた。井深退任のあと社長に就いたもう一人の創業者・盛田昭夫は後任社長に岩間和夫(盛田の義弟)を、そのあとの社長に自分のスカウトした大賀典雄を指名したほか、実弟・盛田正明を副社長に据えるなど、ソニーの実権はすっかり盛田の掌中におさまる様相を呈したが、盛田は脳内出血で倒れ、会長を辞任した。

会社を公器と考え、派閥(諸悪の根源)はつくらず、縁故・情実の完全否定を実行した本田技研工業創業者・本田宗一郎は自らの引退についても親友・井深大に似て、こだわるところが全くなかった。

ヤマト運輸・小倉昌男の事業改革のところで登場した三越の当時の社長・岡田茂の解任劇は企業を私物化したサラリーマン経営者の哀れな末路を物語る有名な事件だが、バブル崩壊後のあとを絶たぬ企業不祥事に連座して晩節を汚した大物経営者の引退も、最後のところで露見する人間性の真実を突きつけている。

山一證券の自主廃業に伴って社長を退任し、記者会見に臨んで号泣した山一最後の社長・野澤正平は債務隠しの「背信の階段」からは外されていたサラリーマン経営者だった。野澤の実直な生き方は、会社が消滅したあともすべての社員が会社を去るまで自らは留まり、職を失った社員の再就職にも力を尽くした姿に如実に表われている。

創業型の所有経営者と内部昇進型の専門経営者とでは、引退に際しての置かれた立場に基本的な違いがあるだろう。しかし、自らの引退にどのようなスタンスで臨むのか、その哲学はすべて当人に委ねられていると言わねばならない。

トップの座についたとき、心ある経営者は自らの出処進退についての座標軸を予め定めておくことが肝要、と心すべきであろう。

引退を阻む二つの障害

ジェフリー・ソネンフェルド(当時、ハーバード大学ビジネス・スクール準教授)は一九八〇年代前半に、米国における企業のトップのなかからすでに引退した著名な五〇人を選んで経営者の引退に関する面接調査を実施した。

この五〇人のＣＥＯのなかには、フィリップ・コールドウェル(フォード・モーター)、ジョン・Ｄ・ディバッツ(ＡＴ＆Ｔ)、ブルース・Ｄ・ヘンダーソン(ボストン・コンサルティング・グループ)、エドウィン・Ｈ・ランド(ポラロイド)、ウィリアム・ローゼンバーグ(ダンキン・ドーナツ)、トマス・Ｊ・ワトソン・ジュニア(ＩＢＭ)らが含まれている。

この調査結果は"The Hero's Farewell"(『トップ・リーダーの引退』吉野壮児訳、新潮社、一九九六年)という著書にまとめられたが、そのなかでソネンフェルドはトップリーダーの引退を阻む二つの大きな障害を次のように分析している。

トップリーダーの引退は、退陣するトップが自分をどの程度英雄視しているかということに大きく左右される。自分自身を英雄だと思っていればいるほど、後継者に道を譲るときの恐怖心に襲われるというのである。

つまり、引退を阻む第一の障害とは、「英雄の名声」だという。トップリーダーは、集団のなかで唯一無二の役割を果たすことを許される存在である。最高経営責任者という地位につきものの特別な栄誉や役得がある。運転手付の社用車、特別の補佐スタッフや秘書、豪華な家具付の執務室、そればかりではなくゴールデン・パラシュートと称される特別の雇用契約が用意されるケースもある。経営陣の雇用契約に盛り込まれる特記事項として、退任時に巨額の退職金やボーナスが約束される場合もあるという。

社外の人脈も、最高経営責任者とその他の役員とでは想像以上に異なってくる。社外の著名人との交友、特別の会合やパーティーへの招待など、特別な扱いを受ける機会も段違いに増えてくる。ときにはマスコミに登場することもある。こうして最高経営責任者は、社内で明確な独自性を持つ地位を与えられる一方で、集団から孤立してしまう危険に陥るのである。

ソネンフェルドは言う。「最高経営責任者の控え目なことこのうえない要請や提案も、お付きの社員によって帝王の命令に言い換えられる」と。

こうした自分を取り巻く状況や自分の立場に麻痺して自分を〝英雄〟だと勘違いしてしまうと、悲劇が起こりかねないのである。

この地位を譲り渡すと、こうした特権や独自の立場を一気に失うことになる。

こうした地位を失うことに対する恐怖心が、引退を阻む第一の障害、とソネンフェルドは分析しているのである。

そしてリーダーの引退を阻む二つ目の障害は、「英雄としての使命感」を失う不安である。自分が辞めることは自分の非凡な才能が無駄になること以外の何物でもない、という驕りがそこにある。この重大な仕事の責任を果たせるのは自分しかいない、と本気で思ってしまうのである。

最高経営責任者が会社のために立案する戦略計画は、経営者個人の努力を永遠に伝える記録であると同時に、会社の不滅性を保証するものなのである。したがって、トップリーダーたちは、自分の遺すものが果たして歴史の試練に耐え得るものか、代が替わっても受け継がれるものなのか、と心配するのである。

自分はまだまだできると過信したとしても、能力の限界を経験していないとすれば、それは当人にとっては避けられない心理である。

ソネンフェルドの研究によると、これらの引退の障害は最高経営責任者の在任期間と明確な相関関係があるという。つまり、在任期間が長ければ長いほど英雄の使命にかかわる挫折感が大きくなり、同時にその地位に付随する英雄の名声にますます執着するようになるということである。

引退の四つのタイプ

この調査をもとにソネンフェルドが下した結論は、トップリーダーの引退は類型化できるということであった。そのために、アンケート調査によって次のような内容を聞き出している。それは、①引退の時機を選ぶ目的は何か、②引退についていかなる感情(憤慨、敗北、孤独、切望、疲労感等)が表明されたか、③引退後も会社との関係を保つために費やされる時間とエネルギー、④引退後の復権、⑤取締役として残る期間、⑥後継者の成長、⑦他社の役員になることの重要性、⑧新しい仕事に就くことの重要性。これらの質問への回答を分析して、ソネンフェルドは、トップリーダーの引退には次の四つのタイプがあることを見出したのである。

① 君主《モナク》型経営者

このタイプの最高経営責任者は、死を迎えるまでは自ら引退しない。打倒されるか、腕ずくで追い出されるか、さもなくば現役のまま死ぬ。社内のクーデターは最後通牒の形をとることもあれば、役員全員の辞任とか取締役会の実力行使といった場合もある。

② 将軍《ジエネラル》型経営者

君主型と同じように強制的に退陣させられる。不承不承引退するが、後継者が任に適さないことを理由に復権を目指す。このタイプの最高経営責任者は救済者として任に戻り、栄華を極めるまでとどまりたいと願うものである。

③　大使《アンバサダー》型経営者

前の二つのタイプとは対照的に、引き際が実にきれいで、引退後も積極的に会社との関係を維持し、後継者を支援する。よき指南役となることはあっても、後継者を妨害するようなことはしない。

④　知事型《ガバナー》経営者

大使型同様、一定期間リーダーを務めた後きれいに引退するが、その後は辞めた会社と引き続き形式的な関係を保つことはほとんどしない。別の職業に出口を見つけ、そちらへすっかり移ってしまう。

英雄の引退を阻む障害を四つの引退のタイプ別に比べてみると、君主型と将軍型は、大使型や知事型と比べて、経営者の地位の虜《とりこ》になりやすく、権力の座に付随する尊敬や影響力を手放したがらない。大使型は地位を失うことをとりわけ気にしないので、権限がなくなったあとも会社にとどまることができやすい。経営者の地位による私利を図ることがなく、会社のためになることを優先する行動が多いので、元の部下たちの尊敬を引き続いて得ることができる。

引退を阻むもう一つの障害である英雄としての使命の遂行をみると、君主型はとくに辞めることによる挫折感が強く、これと対照的に、大使型は自分の在任中の業績への満足感も強く、挫折感とはほとんど無縁である。

引退を渋る英雄の代表的なリーダーとして、ソネンフェルドは、ウィンストン・チャーチルをあげている。一九五一年一〇月、チャーチルがイギリス首相に選ばれたとき、彼はすでに七七歳で、耳がまったく聞こえず、脳卒中に二度も見舞われていた。彼は一年だけで首相を辞めると約束したにもかかわらず、この約束に背き、三年半も首相の仕事をどうにか続けた。六〇年間政治に身を捧げ、だれよりも経験を積んだ世界的指導者として、世界の舞台を去ることには何の益もなく、非凡な才能が無駄になると確信していた。が、結局、最後は野心満々の後継者たちによって追い出される羽目にあったのである。「老害」は、やはり「若害」よりも恐ろしいものと言うべきであろう。

わが国の経営者でいえば、岡田茂(三越)や森泰吉郎(森ビル)は「君主型」、盛田昭夫(ソニー)は「将軍型」ということになろう。井深大(ソニー)や本田宗一郎(本田技研)は「大使型」として退任後もまさしくよき指南役として最高の尊敬を集めた。小倉昌男(ヤマト運輸)は退任後はヤマト福祉財団の仕事にほぼ専念しているので「知事型」ということになろう。

デュポン社の元最高経営責任者であるアービング・シャピーローが引退について極めて見識

に富んだ言葉を残している。この貴重な言葉を引用して締めくくりとしよう。

「いかなる最高経営責任者も、経営者の地位は自分のためにあるのではなく、社のためにあるのだということを忘れてはならない。経営者の座を下りる時機を知るのは、経営者の任務である」。

あとがき

私が「経営者論」を一冊の本にまとめようと考えるようになったのは、一九九六年から産能大学大学院で同名の講座を担当するようになってからである。この講義は二〇〇三年度まで八年間続いたが、今年度(二〇〇四年度)からはMBAコースに生まれ変わり、私の担当科目も「企業倫理とコンプライアンス経営」に変わった。

そして、本書が世に出る直接のきっかけとなったのは、『世界』二〇〇三年六月号に拙論「現代経営者の条件」を執筆したことにある。私の流通科学大学退任の時期と重なったこともあり、この論文の抜刷を退任の挨拶に添えて多くの方々にお送りしたところ、諸先生あるいは諸先達から思いのほか、さまざまな反響をいただいた。このことが、産能大での講義を多少なりとも体系化してまとめてみたいという、かねてからの願望に拍車をかけ、岩波新書の企画が具体化したのであった。

私にとって「経営者論」の出発点は、「リクルート」において創業世代の一人としてオーナー経営者を支えた経験ということになる。これがいわば原体験となってプラス・マイナス両面で私の座標軸を形成しており、ここからは逃れられないという意識が根底にある。

また、経営史学などは、私は門外漢なので、産能大学での講義においても、本書執筆にあたっても、森川英正先生や故清水龍瑩先生のご著書に導かれた面が極めて多い。記して謝意を表させていただきたい。

なお、本書に登場する経営者については、敬称はすべて略させていただいた。

岩波書店・新書編集部の坂巻克巳氏には、表現上の問題にとどまらず、私自身には気づかない考え方の面でのご指摘をいくつもいただき、また、編集部・川上隆志氏には本書企画のきっかけをつくっていただいた。心から御礼申し上げたい。

二〇〇四年八月

大沢武志

わ 行

は 行

ま 行

や 行

ら 行

か 行

さ 行

た 行

な 行

や 行

ら 行

わ 行

アルファベット，数字

人名索引

(経営者，企業家など)

あ 行

企業名索引

（旧称，略称，グループ名，旧財閥名を含む）

大沢武志

1935-2012年
1960年東京大学教育学部卒業．62年，同大学院修士課程修了．同年，日立製作所入社．65年，日本リクルートセンター入社．取締役テスト部長，専務取締役，組織活性化研究所長などを歴任．89年，人事測定研究所を設立し代表取締役社長．2000-03年，流通科学大学教授．
著書―『採用と人事測定』(朝日出版社)
『心理学的経営』(PHP研究所)
『人事アセスメントハンドブック』(共編，金子書房)
訳書―D. E. スーパー，M. J. ボーン『職業の心理』(共訳，ダイヤモンド社)
I. B. マイヤーズ『人間のタイプと適性』(共訳，リクルート)

経営者の条件　　岩波新書(新赤版)907

2004年9月22日　第1刷発行
2019年11月25日　第6刷発行

著　者　大沢武志《おおさわたけし》

発行者　岡本　厚

発行所　株式会社 岩波書店
〒101-8002 東京都千代田区一ツ橋2-5-5
案内 03-5210-4000　営業部 03-5210-4111
https://www.iwanami.co.jp/

新書編集部 03-5210-4054
http://www.iwanamishinsho.com/

印刷・理想社　カバー・半七印刷　製本・中永製本

ISBN 4-00-430907-7　　Printed in Japan

岩波新書新赤版一〇〇〇点に際して

ひとつの時代が終わったと言われて久しい。だが、その先にいかなる時代を展望するのか、私たちはその輪郭すら描きえていない。二〇世紀から持ち越した課題の多くは、未だ解決の緒を見つけることのできないままであり、二一世紀が新たに招きよせた問題も少なくない。グローバル資本主義の浸透、憎悪の連鎖、暴力の応酬――世界は混沌として深い不安の只中にある。

現代社会においては変化が常態となり、速さと新しさに絶対的な価値が与えられた。消費社会の深化と情報技術の革命は、種々の境界を無くし、人々の生活やコミュニケーションの様式を根底から変容させてきた。ライフスタイルは多様化し、一面では個人の生き方をそれぞれが選びとる時代が始まっている。同時に、新たな格差が生まれ、様々な次元での亀裂や分断が深まっている。社会や歴史に対する意識が揺らぎ、普遍的な理念に対する根本的な懐疑や、現実を変えることへの無力感がひそかに根を張りつつある。そして生きることに誰もが困難を覚える時代が到来している。

しかし、日常生活のそれぞれの場で、自由と民主主義を獲得し実践することを通じて、私たち自身がそうした閉塞を乗り超え、希望の時代の幕開けを告げてゆくことは不可能ではあるまい。そのために、いま求められていること――それは、個と個の間で開かれた対話を積み重ねながら、人間らしく生きることの条件について一人ひとりが粘り強く思考することではないか。その営みの糧となるものが、教養に外ならないと私たちは考える。歴史とは何か、よく生きるとはいかなることか、世界そして人間はどこへ向かうべきなのか――こうした根源的な問いとの格闘が、文化と知の厚みを作り出し、個人と社会を支える基盤としての教養となった。まさにそのような教養への道案内こそ、岩波新書が創刊以来、追求してきたことである。

岩波新書は、日中戦争下の一九三八年一一月に赤版として創刊された。創刊の辞は、道義の精神に則らない日本の行動を憂慮し、批判的精神と良心的行動の欠如を戒めつつ、現代人の現代的教養を刊行の目的とする、と謳っている。以後、青版、黄版、新赤版と装いを改めながら、合計二五〇〇点余りを世に問うてきた。そして、いままた新赤版が一〇〇〇点を迎えたのを機に、人間の理性と良心への信頼を再確認し、それに裏打ちされた文化を培っていく決意を込めて、新しい装丁のもとに再出発したいと思う。一冊一冊から吹き出す新風が一人でも多くの読者の許に届くこと、そして希望ある時代への想像力を豊かにかき立てることを切に願う。

（二〇〇六年四月）